FLAVIO MATEOS

AGENDA FÁTIMA

Por el triunfo del
Corazón Inmaculado de María

Ediciones

REACCIÓN

2022

AGENDA FÁTIMA

Ediciones Reacción

KDP

Cpyright © Flavio Mateos 2022

Argentina.

Con las debidas licencias.

ISBN: 9798830887939

1ra. Edición – Mayo de 2022

fatimayrusia@gmail.com

agendafatima.blogspot.com

Realización de portada: Sherry Lombell.

Portada del blog: Mariano Gabriel Pérez.

Ediciones REACCIÓN

"El catolicismo es el antro de la reacción"

(Nicolás Gómez Dávila)

CONTENIDO

5

PALABRAS PREVIAS

El presente libro está compuesto por los artículos que hemos escrito y publicado en el blog AGENDA FÁTIMA, *varios de ellos corregidos y ampliados, más la inclusión de dos artículos inéditos. El blog comenzado en noviembre de 2021 ha querido ser un complemento de nuestro voluminoso escrito* FÁTIMA Y RUSIA. **Fue en la espera de poder editar nuestro libro (que gracias a Dios ya ha podido ser publicado, en versión electrónica), que surgió el blog, por el deseo de corresponder a las demandas de Nuestra Señora en la medida de nuestras pobres posibilidades, a través del apostolado de la palabra, a fin de crear conciencia y despertar a los católicos atribulados y adormecidos en este final de época donde reinan la confusión y la tibieza entreveradas, mientras el orden cristiano se desmorona sin reacciones de nuestro lado.** *El Mensaje de Fátima es un tema urgente, pero parece que el diablo lo ha tomado más en serio –para combatirlo– que los hijos de la Inmaculada para cumplir los deseos de su Madre.*

Nuestro pesimismo de reaccionario no se ha visto en entredicho en absoluto por la respuesta recibida a nuestra iniciativa, sino más bien confirmado esplendorosamente. ¿Cómo no recordar, sobre todo, que "ningún profeta es acogido en su tierra"? Por supuesto, lo que de verdad duele es que, como afirmó la hermana Lucía, "nadie hace caso a su Mensaje, ni los buenos ni los malos". *En definitiva, parece que hablamos al aire cuando repetimos las palabras de la religiosa y vidente de Fátima:*

"Dios va a castigar al mundo y lo va a castigar de una manera tremenda. El castigo del cielo es inminente".

Comenzamos el blog cuando la reacción Rusa no había comenzado. Nosotros vemos lo que sucede en Ucrania a la luz de Fátima, por lo tanto no podemos sino ver una señal del Cielo que utiliza a Rusia para empezar al fin a liberarnos y rescatar a su Iglesia Católica de la debacle final que se avizora sobre el mundo. No obstante, la condición ineludible de esta liberación concierne a la Consagración de Rusia al Corazón Inmaculado, en los términos y condiciones solicitados por la Santísima Virgen de Fátima.

Como estipulamos en el blog, dedicamos estas páginas a los que trabajan por el triunfo del Corazón Inmaculado de María a través de la reparación, el Santo Rosario y la oración por la Consagración de Rusia.

Muy especialmente va dedicado este libro a mi amiga y hermana en Cristo Ana de Valle, que inició conmigo esta humilde empresa, con fervorosa entrega de guadalupana.

F.M.

28 de abril de 2022

Fiesta de San Luis María Grignion de Montfort

AGENDA FÁTIMA, AGERE CONTRA

Casi no se habla de otra cosa.

Entre el constante bombardeo mediático acerca del Covid 19, con su recuento de cifras y estadísticas de las víctimas o "casos" del "terrible y despiadado virus que muta y es incontrolable", lo cual hace que haya que obligar a inocularse un suero experimental génico a la población mundial, encerrar a los sanos y exigir pasaportes de vacunación y el uso de inútiles mascarillas faciales (y no decimos todo esto desde una posición de absurdo "negacionismo"), los medios masivos de difusión no dejan de divulgar y promover la ineludible *Agenda 2030*.

Todo este publicitado entramado sanitario no sirve para otra cosa sino para acelerar ese proceso (el "progreso inevitable"), que necesita controlar hasta los menores detalles para garantizar su éxito. Reaccionarios y nostálgicos de un pasado abolido para siempre, deben eliminarse. Como si fuesen un virus.

Los gobiernos de casi todos los países, las fundaciones y organismos internacionales, el establishment "intelectual" y, por supuesto, el Vaticano y las conferencias de obispos del mundo entero, se han sumado servilmente a la predicación y enseñanza de esta agenda globalista, que ciertos utópicos y prominentes millonarios, los *régisseurs* del gran espectáculo –denominados eufemísticamente *filántropos*- han dado en llamar también "Gran Reinicio".

Será, nos dicen, la renovación de la humanidad. Volver a fojas cero. Un nuevo hombre nacerá. Viviremos en paz, justicia y armonía con la "Madre Naturaleza". Será una "nueva normalidad". En otras palabras, viviremos en un igualitario y ecológico "mundo feliz". La gran Utopía que tantos trasnochados ideólogos imaginaron a lo largo del tiempo, vuelta al fin "realidad".

Patrañas de psicópatas inmunizados de todo contacto con la verdad, que disputan a Dios su divinidad. Será el rancio proyecto del "hombre nuevo" comunista, del resentido Prometeo que conquistó el mundo con la Revolución, ahora llevado a cabo con la tecnología de punta que tiene, desde luego, la marca del diablo.

Agenda significa "lo que ha de hacerse". El poder supremo sin rostro tiene su agenda y ya no la oculta. Ha planteado sus objetivos y sus plazos. Gracias por avisarnos.

Dios también tiene su agenda. Pero la Iglesia conciliar se ocupa bien de ocultarla.

Esa agenda se llama **Fátima**, y a partir de 1917 nos ha trazado una hoja de ruta donde, amén de anticipar los pasos de los enemigos más terribles que nunca ha tenido la Iglesia, dejó sentadas las reacciones que debían adoptarse para vencer en esta guerra total, que no admite neutralidad. Una y otra vez esa agenda, en la cual constaba que ya no habría otra más, hasta el desenlace victorioso, se ha ocupado de repetirnos su mensaje, el cual contiene una promesa que nadie puede desdeñar: "*Al fin mi Corazón Inmaculado triunfará*".

Todos los medios de combate están allí, a nuestro alcance. Allí está también la certidumbre del triunfo, y la fuerza misma que necesitamos para afrontar el avance enemigo. Allí la verdadera esperanza. Allí el llamado a la

10

conversión, a la penitencia, a la reparación, a la oración.

La agenda de Fátima es un *agere contra* absoluto: contra el naturalismo, el gnosticismo, el liberalismo, el comunismo, el modernismo, los errores de la iglesia del Vaticano II. Contra la infidelidad, la herejía, el cisma, el sedevacantismo. Contra la masonería y el cosmopolitismo. Contra las conductas inmorales y la corrupción de la inocencia infantil. Contra el desorden avasallante del globalismo.

Agere contra proponía el caballero victorioso San Ignacio de Loyola, en sus formidables Ejercicios Espirituales. La regla de oro de la vida espiritual es el contraataque. Nuestro combate es ante todo eminentemente espiritual. Pero no encontramos a nuestro alrededor sino confusión y desolación. Y en medio de esa desolación, por no haberse aferrado a lo ya sabido y a partir de allí haber pasado al contraataque, no se sabe qué hacer o qué esperar. "El demonio se vuelve terrible cuando uno duda".

Tenemos una agenda para cumplir, pero nosotros, ¿qué hemos hecho con ella? Nada. Los llamados tradicionalistas hemos olvidado o bajado los brazos, los conservadores conservan muy poco. Muchos se han acercado a los liberales o miran la agenda de "la nueva derecha", con una ilusoria y brumosa esperanza.

Pérdida de tiempo.

Muchos no disciernen y se olvidan por completo de Fátima. Pero Fátima no ha terminado. No sólo eso, Fátima está más vigente que nunca y se prepara el tiempo de María. Nuestra alternativa está allí. Allí la esperanza.

Nos encaminamos a pasos agigantados hacia un reinado de terror comunista "5G" (ya anticipan el "6G") por no haber obedecido los mandatos de la Virgen de Fátima. El cielo se oscurece y el horizonte aparece tenebroso.

El mundo apóstata agoniza y da manotazos de ahogado, como los náufragos del Titanic. Pero aún estamos a tiempo de acortar el castigo y de salvar multitud de almas.

Mientras un mundo de *zombies* es instado a "despertar" para constituir la nueva marea ideológica del "wokismo" que cancela todo lo políticamente incorrecto a su depredador paso, nosotros llamamos a despertar a los dormidos católicos que aún no comprenden que solo Ella, solo Nuestra Señora del Rosario de Fátima, solo el Corazón Inmaculado de María, puede salvarnos. Nuestro combate será eficaz bajo su estandarte, unidos al Sagrado Corazón de Jesús, que espera nuestra respuesta a su llamado. Nadie puede desentenderse de esta convocatoria, nadie puede sucumbir bajo el desánimo, nadie puede acobardarse. Estamos emplazados a trabajar por -y quizás, si Dios lo quiere, a presenciar la- victoria del Corazón Inmaculado.

"No hay más salvación para nosotros que por la Virgen María; era ya el núcleo esencial del secreto de Fátima que se encontraba así divulgado desde julio de 1917" (Frère Michel de la Sainte-Trinité, *Toute la vérité sur Fatima, La science et les faits*, t. I, CRC, 4e éd., 1986, p. 229).

Pretendemos, desde este espacio, recordar y difundir el contenido de esa, nuestra "Agenda": la **Agenda Fátima**.

Christus vincit, Christus regnat, Christus imperat!

LAUS SACRATISIMAE TRINITATIS

AVE COR MARIAE

GUERRA EN UCRANIA:
ESCLAVITUD MUNDIAL...O FÁTIMA.

Normalmente, consagrar obispos sin autorización del Sumo Pontífice, es una infracción al Derecho de la Iglesia y es una acción que debe ser condenada. Pero cuando la situación de la Iglesia no es normal sino absolutamente anormal y extremadamente peligrosa para las almas, lo que se llama un "estado de necesidad", la misma Iglesia prevé el salto por sobre la letra de la ley, ya que la primera ley de la Iglesia es la salvación de las almas. Para confirmar el estado de emergencia de la Iglesia, sus mismas autoridades acusan y condenan a quienes han actuado en pro del bien común. Entonces se habla de "Cisma".

Normalmente, una incursión militar por la fuerza sobre un país soberano, es una falta grave en el derecho internacional, y es una acción que debe ser condenada. Pero cuando en realidad la situación no es normal, y el país agredido no es soberano, sino agente bajo una fachada "democrática" de un enemigo, que no sólo ha violado las leyes internacionales y los tratados previos, sino que usa tal país para desestabilizar a la propia nación y amenaza con dar origen a una guerra de alcance universal, entonces la ofensiva militar, que no es otra cosa que una reacción, está justificada, y así lo afirman sólidos estudios acerca de la doctrina de la guerra justa. Pero quienes han provocado la situación de emergencia mundial, condenan a quienes han actuado en pro de su propia supervivencia amenazada. Entonces se habla de "Invasión".

No trazamos el paralelo de estas dos situaciones para

establecer una identificación entre una congregación religiosa y un gran país, sino para llamar la atención acerca de cómo, cuando alguien, dejando de lado toda estéril diplomacia, actúa con firmeza y vigor para restablecer un legítimo derecho, entonces queda en absoluta y meridiana evidencia la situación que falsamente se pretendía hacer pasar por "normal", pero que ahora aparece a los ojos del mundo como subversiva, revolucionaria, y por lo tanto destructiva. Eso es lo que tanto molesta a quienes ahora desde el Occidente apóstata, que bien puede ser llamado Sodoma y Gomorra, se vuelven "pacifistas". Rusia, con su política interior y exterior, ha puesto el dedo en la llaga, y eso no se perdona.

Si abrimos bien los ojos, por encima de las consideraciones geopolíticas, históricas, militares y económicas, estamos ante una guerra religiosa, que cada día cobra más calor. El colapso del Occidente que combate a Dios nos hace vislumbrar una muy posible Tercera Guerra mundial, y su resolución puede verificarse en la concreción del Gobierno mundial del Anticristo o... el triunfo del Corazón Inmaculado de María, a través de la consagración de Rusia. Este último hecho ha sido anunciado por la Virgen en Fátima, por lo tanto, no sólo lo esperamos, sino que suplicamos por ello para que arribe lo antes posible, porque antes que todo lo que está en juego es la salvación de las almas, por las cuales debemos pagar un precio. Armados con la devoción al Corazón Inmaculado y el Santo Rosario, bajo el estandarte del Sagrado Corazón, miremos lo que ocurre con el sentido militante con que fuimos confirmados, rezando por la consagración de Rusia al Inmaculado Corazón de María.

¿DEBE HACERSE LA CONSAGRACIÓN DE RUSIA AL CORAZÓN INMACULADO DE MARÍA?

La consagración de Rusia al Inmaculado Corazón de María es un tema que *es crucial comprender*, particularmente en este momento de la historia. Nuestra Señora anunció el 13 de julio de 1917 que iba a regresar para pedir la consagración de Rusia, lo cual hizo el 13 de junio de 1929, en Tuy, España, durante la aparición de una esplendente y solemne teofanía de la Santísima Trinidad.

Hay quienes creen y enseñan que esta consagración ya no es necesaria que se haga, pues Rusia ya esparció sus errores por el mundo, promoviendo guerras y persecuciones a la Iglesia, por lo cual sería inútil realizarla, ya que sería algo anacrónico. Los sostenedores de la no consagración de Rusia son de tres corrientes distintas que, aunque antagónicas en muchos puntos, coinciden respecto de este tema: 1) los liberales y modernistas de la Iglesia conciliar; 2) los sedevacantistas, particularmente los milenaristas, y 3) algunos tradicionalistas "independientes".

Los de la posición 1) sostienen que ya se habría cumplido exitosamente con el pedido de la Virgen, a través de la consagración hecha por Juan Pablo II (que no fue tal), e incluso que ya se ha dado a conocer el Tercer secreto de Fátima, así que es todo cosa del pasado. Los del número 2) afirman que Rusia ya castigó al mundo esparciendo el comunismo, entonces la consagración sería innecesaria o superflua, además de que no hay Papa para hacer la consagración; también milenaristas dicen que el reino del Corazón Inmaculado no puede ser antes de la venida del Anticristo, entonces lo que nos espera ahora es la llegada del Anticristo y recién al fin final, sí, con la Parusía, sería el triunfo del Corazón Inmaculado. También algunos sedevacantistas más farisaicos que el resto afirman que ya la consagración la hizo Pío XII en 1952. Los del número 3) afirman que el pedido de consagración era condicional, y como Rusia ya castigó al mundo esparciendo el comunismo, entonces hacer la consagración no tiene sentido.

En definitiva, tanto los modernistas como los sedevacantistas y algunos tradicionalistas, coinciden todos en que hay que desestimar la consagración de Rusia pedida por la Virgen María en 1929.

Sin embargo, todos ellos se equivocan: la consagración no se hizo, debe hacerse y se hará.

No sabemos por qué motivo, si por descuido, ignorancia o a sabiendas, en su argumentación todos los detractores de la consagración de Rusia omiten, olvidan, ocultan una parte del mensaje de Nuestra Señora de Fátima, del 13 de julio de 1917. Son estas palabras, que encierran una promesa:

"Por fin, mi Inmaculado Corazón triunfará. El Santo Padre me consagrará Rusia, que se convertirá, y será concedido al mundo algún tiempo de paz".

Al enseñar contra la consagración de Rusia, todos ellos se oponen objetivamente al mensaje de Nuestra Señora, y disminuyen el papel de la Sma. Virgen en la economía de la salvación, en vistas a los graves acontecimientos que están sucediendo y aún están por venir.

El texto completo del 13 de julio, fue pronunciado después de haberles mostrado a los niños el infierno:

"Visteis el infierno, a donde van las almas de los pobres pecadores; para salvarlas, Dios quiere establecer en el mundo la devoción a mi Inmaculado Corazón. Si hacen lo que yo os diga, se salvarán muchas almas y tendrán paz. La guerra va a acabar. Pero, si no dejan de ofender a Dios, en el reinado de Pío XI comenzará otra peor. Cuando veáis una noche iluminada por una luz desconocida, sabed que es la gran señal que Dios os da de que va a castigar al mundo de sus crímenes, por medio de la guerra, del hambre y de persecuciones a la Iglesia y al Santo Padre.*

Para impedirla vendré a pedir la consagración de Rusia a mi Inmaculado Corazón y la comunión reparadora en los primeros sábados. Si atienden mis peticiones, Rusia se convertirá y tendrán paz; si no, esparcirá sus errores por el mundo, promoviendo guerras y persecuciones a la Iglesia. Los buenos serán martirizados, el Santo Padre tendrá mucho que sufrir, varias naciones serán aniquiladas. Por fin Mi Inmaculado Corazón triunfará. El Santo Padre me consagrará a Rusia, que se convertirá, y será concedido al mundo algún tiempo de paz. En Portugal se conservará siempre el dogma de la Fe."

Estas palabras constan en los informes oficiales y pueden encontrarse en todos los libros serios sobre Fátima – que son muy numerosos- empezando por el más completo que es *"Toute la verité sur Fatima"* de Frère Michel de la Sainte-Trinité (cuatro tomos, ediciones en francés e inglés).

Parecería que la consagración es condicional respecto de los crímenes y persecuciones promovidos por "los errores de Rusia", o sea el Comunismo y también del advenimiento de la Segunda Guerra Mundial. Y que ya desencadenados esos terribles hechos, ya no tiene sentido hacer la consagración. Sin embargo, notemos dos cosas: 1) en su mensaje la Sma. Virgen dice que al fin el Papa le consagrará Rusia y el mundo tendrá un período de paz; ergo, Rusia debe ser consagrada, y cuanto antes lo sea, más calamidades y castigos se evitarán; 2) a lo largo de los años y reiteradamente la Virgen insistirá, a través de la Hna. Lucía, en que sigue esperando la consagración de Rusia. Veamos esto último:

-En una carta de la Hermana Lucía enviada al papa Pío XI en marzo de 1937, le decía: "*Dios promete poner fin a la persecución en Rusia, si vuestra Santidad se digna hacer, y ordena a todos los obispos del mundo católico de hacer igualmente, un acto solemne y público de reparación y de consagración de Rusia a los santísimos Corazones de Jesús y de María, y si vuestra Santidad promete, mediante el fin de esta persecución, aprobar y recomendar la práctica de la devoción reparadora indicada encima*".

-El 15 de julio de 1946, en una entrevista con William Thomas Walsh, la Hna. Lucía dijo claramente que Rusia debe ser consagrada al Corazón Inmaculado de María por el papa y todos los obispos, sino difundirá sus errores en todo el mundo: "*La Hermana Lucía me puso en claro que Nuestra Señora no pidió la consagración del mundo a Su Corazón Inmaculado. Lo que Ella exigió específicamente fue la consagración de Rusia [...] Dijo una vez más y con énfasis deliberado: "Lo que Nuestra Señora quiere es que el Papa y todos los obispos del mundo consagren Rusia a Su Inmaculado Corazón en un día especial. Si se hace esto, Ella convertirá a Rusia y habrá paz. Si no se hace, los errores de Rusia se esparcirán por todos los países del mundo.*" Preguntada la Hna. Lucía si pensaba que todos los países, sin excepción, serían dominados por el comunismo, respondió la religiosa: Sí.

-En mayo de 1952, la Santísima Virgen le dice a sor Lucía: «*Haced saber al Santo Padre que espero siempre la consagración de Rusia a mi Corazón Inmaculado, sin esta consagración, Rusia no se convertirá más ni el Mundo podrá ver la Paz*».

-El 7 de julio 1952 Pío XII consagra Rusia al Corazón Inmaculado de María, pero no fueron cumplidas todas las condiciones exigidas:

.no fue hecha explícita referencia a la devoción reparadora de los cinco primeros sábados del mes;

.el acto solemne de reparación no estuvo explícitamente hecho;

.el Papa no ordenó a todos los Obispos del Mundo unirse a él en este acto de consagración.

Ese mismo mes, Sor Lucía escribe: «*Estoy dolorida porque la consagración de Rusia no ha sido hecha aún como la Santísima Virgen la había pedido*».

-El 26 de diciembre de 1957 el P. Agustín Fuentes, vice postulador de la causa de beatificación de Jacinta y Francisco, la entrevistó en Coimbra. Las "Declaraciones..." fueron publicadas con Imprimatur del Arzobispo de Santa Cruz, Méjico y reconocidas por Pío XII.

«*Padre, la Santísima Virgen está muy triste, porque nadie hace caso a su Mensaje, ni los buenos ni los malos. Pero, créame Padre, Dios va a castigar al mundo y lo va a castigar de una manera tremenda. El castigo del cielo es inminente. ¿Qué falta, Padre, para 1960; y qué sucederá entonces? (...) Dígales que la Santísima Virgen nos dijo, que muchas naciones de la tierra desaparecerán sobre la faz de la misma, que Rusia sería el instrumento del castigo del Cielo para todo el mundo, si antes no alcanzábamos la conversión de esa pobrecita Nación*».

--El 21 de marzo de 1982, se le pidió a Sor Lucía que explicase al Nuncio en Lisboa lo que la Virgen quería del Papa. Dijo que el Papa tenía que elegir una fecha, ordenar a los obispos del mundo entero, que cada uno en su catedral, y al mismo tiempo que el Papa, hagan una ceremonia solemne y pública de reparación y consagración de Rusia a los Sagrados Corazones de Jesús y de María.

--En carta al Papa del 12 de mayo 1982, vísperas del acto y de un encuentro privado con él (el Papa estaba en Fátima), la hermana reafirma sin ambages el pedido del Cielo: *"A Su Santidad Juan Pablo II humildemente expongo y suplico: La consagración de Rusia al Corazón Inmaculado de María en unión con todos los obispos del mundo (...) La tercera parte del secreto: Se refiere a las palabras de Nuestra Señora:* 'Si no, difundirá sus errores por el mundo, promoviendo guerras y persecuciones contra la Iglesia. Los buenos serán martirizados, el Santo Padre tendrá mucho que sufrir, varias naciones serán aniquiladas' *(...) Porque no hemos atendido a ese llamado del mensaje, verificamos que se ha cumplido. Rusia ha ido invadiendo el mundo con sus errores. Y si no vemos todavía el hecho consumado del final de esta profecía, vemos que hacia allí vamos a largos pasos..."*

--El 19 de marzo de 1983 Sor Lucía se reúne otra vez con el Nuncio papal. El texto preparado para él terminaba así: «*La Consagración de Rusia no se ha hecho como Nuestra Señora ha pedido. No se me permitió hacer esta declaración porque no tenía el permiso de la Santa Sede*».

--Entrevistada en 1985 por el *Sol de Fátima*, se le preguntó si el Papa había cumplido la petición de Nuestra Señora con la consagración de 1984, a lo que la Hna. Lucía respondió: *"No hubo la participación de todos los obispos ni se mencionó a Rusia"*. Preguntada luego: *"¿De modo que no se hizo la consagración como la pidió la Virgen?"* Respondió: *"No. Muchos obispos no dieron importancia a este acto".*

--En mayo de 1989, la Hna. Lucía le dijo al Cardenal Law, de Boston, sobre la consagración del 25 de marzo de 1984: "*... El Santo Padre se justificó (diciendo) que ha sido hecha, hecha de la mejor manera posible bajo las circunstancias. ¿Hecha sobre el camino angosto de la consagración colegial que Ella ha exigido y ha estado esperando? No, eso no se ha hecho".*

--En julio de 1989 ante tres testigos, el P. Messias Coelho, reveló que la Hna. Lucía acababa de recibir una instrucción anónima vaticana, según la cual ella y sus compañeras quedaban obligadas a decir que la Consagración de Rusia fue realizada válidamente el 25 de marzo de 1984.

-Por si fuera poco, Juan Pablo II declaró públicamente, *después* de la consagración del mundo de 1984, que la Virgen "está todavía esperando" la Consagración de Rusia: "El 25 de marzo de 1984, al hacer la consagración delante de la imagen de Nuestra Señora de Fátima, el Papa se desvió del texto que había preparado, para incluir las palabras que aparecen en destaque y que traducimos a continuación. Las palabras añadidas indican claramente que él ya sabía que la consagración del mundo hecha en aquel día no cumplía el pedido de Nuestra Señora de Fátima. Después de celebrar la consagración del mundo, propiamente dicha, algunos párrafos antes, el Papa añadió las palabras: "Ilumina especialmente a los pueblos de los cuales Tú estás esperando nuestra consagración y nuestra confiada entrega." Esto muestra que él sabía que Nuestra Señora esperaba que el Papa y los obispos Le consagrasen a Ella ciertos pueblos, es decir, los pueblos de

Rusia (Reportado por C. Ferrara, texto tomado de la edición del 26 de marzo de 1984 de *L'Osservatore Romano* con las citadas declaraciones en su portada).

Como puede verse, a lo largo de más de cincuenta años, pese a que el comunismo ya se había difundido (pero no tanto como hoy en día), la Hna. Lucía seguía insistiendo en que debía hacerse la consagración, y los papas hacían consagraciones erróneas o incompletas. Todos los papas han reconocido las apariciones de Fátima, todos han visitado su santuario, y las apariciones están reconocidas oficialmente desde 1930, siendo probadas y ortodoxamente rectas en doctrina, superabundantes en milagros y conversiones, y habiéndose cumplido todos los anuncios proféticos. Por lo tanto no hay excusa para no cumplir lo que la Virgen ha pedido, excepto la diplomacia, el desinterés, la irresponsabilidad, la imprudencia y/o la oposición abierta de la Jerarquía eclesiástica.

Objeción: si la consagración de Rusia era para impedir todos los errores y horrores del materialismo marxista, pero estos ya vinieron y han alcanzado todo el mundo, ¿qué sentido tendría realizar ahora la consagración de Rusia?

Contestamos:

1) todos esos errores (y horrores) son un castigo permitido por Dios precisamente por la rebeldía y desobediencia de los hombres, particularmente los hombres de la Iglesia. Por lo tanto para detener o aminorar ese castigo, debe hacerse el camino inverso, es decir, el de la sumisión y obediencia a Dios, empezando desde arriba hacia abajo por los eclesiásticos. Dentro de ese camino de obediencia se encuentra obedecer lo que ha pedido la Virgen, en este caso la consagración de Rusia.

2) dijo Ntra. Señora en su mensaje del 13 de julio: *"Si*

hacen lo que yo os diga, se salvarán muchas almas y tendrán paz". Esto no requiere mayores comentarios. Haciendo lo que ella dijo, se salvarán muchas almas y tendremos paz, ¿es que todavía no quedan almas por salvar por este medio? ¿Los medios de salvación de Dios tienen "fecha de vencimiento"? Si por no haber cumplido, han venido tantos males, ¿por qué seguir sin cumplir lo que el Cielo ha pedido?

3) Rusia, una vez convertida y propiedad del Corazón Inmaculado, tiene una misión que cumplir en favor de la Iglesia católica romana (ampliamos esto en nuestro libro *"Fátima y Rusia"*, que Dios quiera pueda llegar a publicarse, si algún bien pudiere hacer).

La conclusión del Secreto de Fátima indica claramente que, –aunque sin haber podido evitar tantas catástrofes que ha habido y que aún vendrán- se hará finalmente la consagración. Por lo tanto es necesario hacerla, el asunto es mostrarle a Dios el deseo que tenemos de que ello ocurra, en vez de, como hasta ahora, una tremenda apatía e indiferencia. Tenemos al alcance la solución a los problemas actuales, ¡y la rechazamos! El mejor medio de interceder es a través de la devoción al Inmaculado Corazón de María, en los cinco primeros sábados de mes, y la oración cotidiana del santo Rosario.

Por otra parte, la consagración no implica solamente un aspecto negativo, esto es, que Rusia deje de esparcir sus errores y sea el azote del mundo y la Iglesia (eso en gran parte ya sucedió), sino que, como toda conversión, reviste un aspecto positivo, ya que convertirse no es simplemente dejar de vivir sin la gracia de Dios y en pecado mortal, sino comenzar a buscar la santidad obrando virtuosamente, cumpliendo el plan o la misión que Dios tiene para nosotros, al servicio de Su Iglesia. Cuando San Pablo se convirtió no sólo dejó de perseguir a los cristianos, sino que se convirtió en apóstol de Cristo. Rusia convertida, de forma análoga, tendrá una muy grande misión a cumplir.

En definitiva, la consagración envuelve dos elementos: aplicación positiva al servicio de la Sma. Virgen María, y aplicación exclusiva a la misma.

Por otra parte, Fátima no solamente es una profecía de amenaza, condicionada, sino también una profecía de presciencia, referida a lo que Dios sabe que se hará por el libre arbitrio humano, y una profecía de predestinación, referida a lo que Dios sabe que Él mismo va a hacer. Fátima es una profecía para los últimos tiempos: nos ilumina el camino, nos advierte de los peligros y de nuestros enemigos, nos da el remedio del Santo Rosario y la devoción reparadora al Corazón Inmaculado, nos enseña cómo obra la divina Providencia en la historia y a la vez nos ofrece la única verdadera esperanza, la única que nos permite seguir el buen combate, guiados por nuestra Madre, Reina, Conductora y Capitana, Aquella que aplasta la cabeza de la serpiente.

Es imperioso conocer, difundir, predicar y practicar la devoción al Corazón Inmaculado de María, sus implicancias, sus consecuencias para las almas y el castigo que se cierne (y que estamos viviendo) sobre los pueblos y naciones, por no haberse realizado la pedida consagración de Rusia. Urge rezar para que se haga pronto esta consagración, pues cuanto más se demora, peores son los castigos que recaen sobre el mundo (la Agenda 2030 en el horizonte, mediando una Iglesia ya del todo protestantizada, parece el plazo final que se ponen las fuerzas del Anticristo para hacerse con el poder absoluto). Es cierto que la Iglesia, ocupada por sus enemigos, parece estar más lejos que nunca de tal posibilidad. Pero los acontecimientos habrán de forzar los hechos y el Cielo traerá la solución y el Papa que cumpla con la Virgen, aunque no sin un gran castigo por la desobediencia de los propios hombres de la Iglesia, tal como todo indica que ha profetizado la tercera parte del secreto de Fátima que los Papas se negaron a dar a conocer. Nosotros tenemos que hacer nuestra parte para que el Cielo apresure los tiempos, rezando con insistencia por esta intención.

¡Viva el Sagrado Corazón de Jesús y el Corazón Inmaculado de María!

"ESTAMOS MUY CERCA DEL FINAL"

El Padre Nicholas Gruner, tenaz apóstol hasta su muerte del mensaje de Fátima, ha sido muy enfático en su visión de la situación actual:

"Las cosas no pueden continuar así indefinidamente. El mundo está al borde de algo de suma importancia, sea para bien o para mal – o el Triunfo del Inmaculado Corazón de María prometido, o el descenso final hacia la III Guerra Mundial. Estamos muy cerca del final de nuestro curso, de una manera u otra."

El problema acá es que hay católicos que ignoran, olvidan o niegan que el triunfo del Corazón Inmaculado de María vendrá con la consagración de Rusia y su conversión. Olvidan las palabras –que son una promesa- de Nuestra Señora. Cuando la Virgen dice *"Al fin mi Corazón Inmaculado triunfará"*, ellos ponen ese "al fin" al final de toda la historia, es decir, junto a la Parusía de Nuestro Señor. Sin embargo eso es erróneo, ya que Ntra. Sra. luego de decir esas palabras, continuó: *"El Santo Padre me consagrará Rusia que se convertirá y será dado al mundo un tempo de paz"*. Por lo tanto, allí será el triunfo del Corazón Inmaculado. Si fuese la Parusía, ¿qué sentido tendría hacer la consagración de Rusia? ¿Y por qué no lo habría dicho la Virgen? Si fuese la Parusía, sería disminuir su importancia decir solamente "será dado al mundo un tiempo de paz". ¿Es que María no iba a mencionar el gran triunfo de Su Hijo?

Por si alguien dudase de creer a las palabras de la Sma. Virgen, veamos esta otra promesa: el 19 de agosto de 1917 dijo a los niños de Fátima: *"El último mes, yo haré el milagro a fin de que todo el mundo crea"*. El 13 de septiembre de 1917 les dijo: *"Sí, en octubre, yo haré el milagro para que todos crean"*. Y, efectivamente, un mes más tarde, el 13 de octubre de 1917, la Virgen hizo el más portentoso milagro de todos los tiempos, del cual fueron testigos directos 70.000 personas, más otras 30.0000 en los alrededores de la Cova de Iría. Eso está perfectamente documentado, atestiguado y hasta los mismos anticlericales tuvieron que reconocerlo. Nuestra Señora cumple lo que promete.

Ahora bien, parece que hoy los católicos, a pesar de ello, no creyesen en las promesas de la Virgen, pues cuando Ella dice que Rusia será consagrada, se convertirá y habrá un tiempo de paz, con el triunfo de su Inmaculado Corazón, los católicos miran hacia otro lado y buscan otra salida. Es como cuando Nuestro Señor les anunció a los Apóstoles su resurrección, no obstante lo cual ellos no creyeron o lo olvidaron completamente.

Generalmente se interpreta que el triunfo del Corazón Inmaculado será uno (y por lo tanto puede decirse que el mismo) con el triunfo final de Cristo en su Parusía. Dicen algunos que "el triunfo del Corazón Inmaculado será el mismo triunfo del Sagrado Corazón de Jesús pues ambos corazones están en perfectísima unión". Sí, es verdad que ambos corazones están en perfectísima unión, pero a pesar de eso Dios ha querido que la Iglesia tenga dos devociones que si bien se complementan, son distintas. Una cosa es el Sagrado Corazón de Jesús y otra el Corazón Inmaculado de María. Son dos devociones distintas, sus fiestas se celebran en fechas distintas, aunque ambas tienden a lo mismo. Ambos deben ser exaltados, y unidos, pero distinguidos, en cuanto cada devoción tiene sus propias particularidades y sus propias aplicaciones a determinados momentos de la historia. Donde está Jesús, está

María, y viceversa, pero Jesucristo quiere que su Madre sea exaltada por Sí Misma y que nada pueda disminuir u opacar esa exaltación pública y universal (de toda la Iglesia y no de un puñado de tradicionalistas, como ocurre ahora). Esto es lo que Él dijo a Sor Lucía en una revelación de 1936. Cuenta ella: "Interiormente he hablado al Señor de este asunto. Y hace poco le preguntaba por qué no convertía a Rusia sin que Su Santidad hiciese esta consagración". La respuesta de Nuestro Señor fue la siguiente:

"*Porque quiero que toda Mi Iglesia reconozca esa consagración como un triunfo del Inmaculado Corazón de María, para después extender su culto y poner, al lado de la devoción de Mi Corazón divino, la devoción a este Corazón Inmaculado*."

(Carta de Sor Lucía al Padre José Gonçalves del 18 de mayo de 1936, citada en P. Antonio Maria Martins S.J., *Novos Documentos de Fátima*, Livraria Apostolado da Imprensa, Porto, 1984, pág. 172; *Cf*. Frère Michel de la Sainte Trinité, *The Whole Truth About Fatima*, Vol. II, Immaculate Heart Publications, Buffalo, Nueva York, 1989, pág. 631.)

Jesucristo juzga que aún no se ha exaltado como se debe a María, que la devoción a su Inmaculado Corazón no se ha impuesto en todo el mundo como desea y conviene, por lo tanto eso se habrá de dar y con un impresionante milagro, aunque lamentablemente tarde pues no habrá podido evitarse tanto sufrimiento debido a los pecados, tantas catástrofes y guerras y sobre todo tantas almas que se pierden, especialmente por la infidelidad de la Jerarquía eclesiástica.

Rusia, así como la Roma desde Constantino difundió el culto a Nuestro Señor Jesucristo, servirá para extender el culto al Corazón Inmaculado. En este país que ha salido del comunismo, los iconos de Nuestra Señora son públicos, numerosos, presentes en la vida cotidiana y hasta lo hay en el despacho del presidente Putin, que cuando tuvo su ya lejano encuentro con el papa Francisco en el Vaticano, llevó de obsequio precisamente un icono de María, al cual besó ante el rostro mismo de quien desde el primado romano se ha encargado de ofender reiteradas veces la devoción mariana. Por supuesto que la devoción de los rusos no es precisamente ortodoxa y debe ser corregida.

Por eso además cuando Rusia se convierta –mediante la intervención del Papa de Roma, en un futuro no muy lejano, estimamos- también adoptará el dogma de la Inmaculada Concepción, cosa que hasta ahora no han hecho, pues con respeto lo aceptan sólo como una "opinión teológica", lo cual entristece a la Santísima Virgen.

Sostener hoy la devoción al Corazón Inmaculado, íntegramente abrazada y defendida, es *la mayor incorrección política*, es *ir absolutamente a contracorriente*. Nadie espera hoy milagros. *"Se ha dicho con razón: 'La hora desesperada es la hora de Dios...' Así es; pero con tal que nos volvamos a Él con una confianza ciega y tanto mayor cuanto más se esfuman los socorros humanos. ¡Cuán saludable es para el alma el luchar algunas veces en situaciones aparentemente sin salida, donde encuentra tan hermosa ocasión de elevar hasta el heroísmo la virtud teologal de la esperanza! (...) ¿Quién no ve cuán indispensable es, en semejantes circunstancias, una fe inexpugnable en el amor de Dios? Sólo ella puede elevar hasta el Cielo la santa virtud de la esperanza"* (*La fe en el amor de Dios*, por una Hermana de la Providencia, Editorial Apostolado de la Prensa, Madrid, 1956).

Contra los que pregonan una falsa esperanza para el mundo, contra los que promueven un "gran reseteo", una "fraternidad universal", un "Nuevo Orden Mundial" o cualquier proyecto globalizador y sinárquico, como también contra los que buscan acuerdos traidores con los enemigos de la Iglesia católica que son los liberales y modernistas enquistados en Roma, y contra los que han olvidado las promesas de la Virgen en Fátima, hay que repetirlo una y otra vez: **la Santísima Virgen María es nuestra única esperanza, en Ella se encuentra la solución y sólo Ella puede ayudarnos.**

El Hermano Michel de la Trinité explicitaba lo fundamental de las apariciones de Fátima, diciendo:

"El secreto del secreto, es la voluntad de Dios de acordarnos todo por la mediación de María, en respuesta a nuestra devoción a su Corazón Inmaculado. No solamente los bienes espirituales, sino también la paz temporal, y eso para el mundo entero. ¿Se ha remarcado que una de las palabras de Nuestra Señora, contada fielmente por Lucía a su párroco el día siguiente de la aparición, decía ya la misma cosa, con el mismo vigor, el mismo exclusivismo? "Continuad rezando el rosario todos los días...para obtener la paz del mundo y el fin de la guerra, porque ella sola os podrá socorrer".

*Dicho de otra forma: **no hay más salvación para nosotros que por la Virgen María; era ya el núcleo esencial del secreto de Fátima que se encontraba así divulgado desde julio de 1917".***

(Frère Michel de la Sainte-Trinité, *Toute la vérité sur Fatima, La science et les faits*, t. I, CRC, 4e éd., 1986, p. 229.)

¡Viva el Sagrado Corazón de Jesús y el Corazón Inmaculado de María!

AL CÉSAR LO QUE ES DEL CÉSAR,
Y A DIOS TAMBIÉN EL CÉSAR

El Domingo 22do. después de Pentecostés se lee en la Misa el pasaje del Evangelio donde N.S. dice una de sus frases más citadas, pero menos cumplidas. Luego de que le mostrasen una moneda del tributo, donde se halla inscripto el perfil del César, responde: "*Dad al César lo que es del César, y a Dios lo que es de Dios*". Distinguidas quedan las dos esferas, la de lo temporal y la de lo espiritual. Sin embargo, si bien distintas, no están separadas o no deben estarlo, como ocurre en los tiempos modernos. Cuando el Estado se separa de Dios, el Estado se convierte en Dios. Esto es simple de probar, pues lo mismo ocurre con el hombre singular, que desechado Dios –y la Iglesia- de su vida, él mismo actúa como fin último de sí mismo, tendiendo a hacer siempre su omnímoda voluntad, en vistas de que se respete su "sacrosanta libertad" en todo y para todo (generalmente para pecar). Cuánto más esto ocurre con el poder absoluto de los Estados, y el poder privado que domina sobre los Estados, no hace falta demostrarlo. El resultado es la tiranía del diablo, que domina al hombre mediante el estímulo de su egoísmo y sus bajas pasiones, en definitiva: del pecado.

Ahora bien, que todo el orden terreno debe estar sometido a su Creador y Redentor, y esto lo incluye al César, a los Imperios, Reinos y Naciones, no sólo lo han señalado los Papas en la época donde la Iglesia era más fuerte ante los poderes mundanos –época que finaliza con la muerte de Bonifacio VIII, un día 11 de octubre de 1303-, sino también en los tiempos turbulentos de la revolución ("*La*

31

causa de la religión debe serles más querida que la del trono", Gregorio XVI). Pero es que el mismo Jesucristo lo ha dejado en claro, "*separados de Mí no podéis hacer nada*" (Jn. 15,5), "*No tendrías sobre Mí ningún poder, si no te hubiera sido dado de lo alto*" (Jn. 19,11). Y no sólo eso, sino que hemos visto las *consecuencias catastróficas* de no obedecerlo, dando al César lo que es de Dios y a Dios, la espalda. Cuando en 1689, el Sagrado Corazón pide, por medio de Sta. Margarita María de Alacoque, que el Rey de Francia se consagre al Corazón Divino, que haga pintar su imagen en los estandartes y grabarla en las armas reales, y que levante un templo en su honor ante el cual se consagre toda la corte, para que el Rey y Francia salgan victoriosos contra todos los enemigos de la Iglesia, Dios está hablando claramente: Él es el soberano, de quien depende todo poder, Él quiere ser amado por sus criaturas, no sólo privadamente sino públicamente por los Estados, muy particularmente entonces por la Francia católica gravemente amenazada. Estos pedidos fueron desatendidos y exactamente cien años después llegó la Revolución masónica de 1789, cuyas consecuencias sufre hasta hoy el mundo entero.

Una de esas consecuencias fue el Concilio Vaticano II –que se inaugura un 11 de octubre de 1962-, que canceló oficialmente la sumisión que deben los Estados y sus gobernantes a Jesucristo Rey de las naciones (cfr. *Dignitatis Humanae*). "*El mal del Concilio* –afirmó Mons. Lefebvre- *es la ignorancia de Jesucristo y de su Reino*" (*Itinerario espiritual*, Prólogo). Pero como había pasado antes de la Revolución francesa, también el Cielo avisó previamente, esta vez mediante el mensaje –sobre todo por el Tercer secreto- de la Sma. Virgen en Fátima. Pero eso no fue todo, ya que nuevamente Dios dejó claras instrucciones, en 1929, para que fuera consagrada Rusia al Corazón Inmaculado de María. Es inevitable trazar un paralelo, porque el mismo Jesucristo lo hizo: Francia no fue consagrada y vino la revolución, Rusia no fue consagrada y hoy nada parece quedar en pie. Lo peor todavía, un colapso mundial jamás vivido en la historia, parece estar por llegar.

Dejemos que el César lleve su retrato en las monedas, reales o virtuales –alguna vez será la efigie del Anticristo– y hagamos que el rostro de Jesús, rechazado y olvidado del mundo, esté grabado donde él más quiere: en nuestro corazón. Sólo así, dando a Dios lo que es de Dios, volverá el César un día a dar a Dios su reino y sus banderas. Para eso, muy especialmente, debemos rezar por la restauración de la Iglesia –ocupada por sus enemigos- y por la consagración de Rusia al Corazón Inmaculado de María, como lo ha pedido nuestra Madre del Cielo. Para que esa nación que tanto ama a María, y que alguna vez fue el origen de la tempestad comunista que hoy llega a nuestras ciudades, se vuelva un instrumento de su predilección, y sea enteramente de Cristo.

¡Viva el Sagrado Corazón de Jesús y el Corazón Inmaculado de María!

33

LA REINA ESTER SALVÓ DEL EXTERMINIO AL PUEBLO JUDÍO, LA VIRGEN MARÍA SALVARÁ A SU PUEBLO DEL NUEVO EXTERMINIO

"¡Qué grande es el poder de la oración! Se diría que es como una reina que en todo momento tiene acceso libre al rey y que puede alcanzar todo lo que pide".

Santa Teresa del Niño Jesús, Ms. C, 25.

"Mira a la estrella, invoca a María", nos dice San Bernardo en su preciosa y poética invocación: *"¡Oh tú que te sientes lejos de la tierra firme, arrastrado por las olas de este mundo, en medio de las borrascas y de las tempestades, si no quieres zozobrar, no quites los ojos de la luz de esta estrella, invoca a María!"*.

Y puesto que nos encontramos todos en esa zozobra, en medio de la peor tempestad que se pueda recordar, donde la nave de la Iglesia parece a punto de hundirse o ser devorada por la gran bestia marina, mientras el mundo orgulloso y prepotente parece que va a aplastarnos, ¿qué mejor y más necesario que invocar a la Estrella que es María? Veamos entonces este signo que el Cielo nos ha querido dar y no lo pasemos por alto: la estrella que tiene en su manto Nuestra Señora del Rosario de Fátima. En cada aparición ostentaba esta estrella y podemos verla en su bella imagen en el santuario de Fátima. ¿Cuál es su significado?

Conforme al libro *Fatima: The Signs and Secrets*, por Marianna Bartold, de 2014, la estrella nos remite al Libro de Ester y éste es como un resumen del oficio singular de la Sma. Virgen en la historia de la salvación. La reina Ester fue una gran figura o tipo de nuestra Reina la Virgen María. *"Entre las muchas mujeres que son tipos de figuras de la Virgen, Ester es la más importante por tres razones: intercedió por su pueblo; su Estrella aparece en el vestido de Nuestra Señora; y el número "13" es fundamental para su historia".*

Todas las apariciones de Fátima, excepto la de Agosto donde los niños estaban secuestrados por las autoridades locales, se produjeron en días 13. Ya en el Antiguo Testamento, el número 13 había cobrado protagonismo histórico. El día 13 de Adar es fundamental en la historia de Ester. Como se sabe, la Tradición católica ve en Ester una figura de la Santísima Virgen María, ya que Ester intercedió para salvar a su pueblo, mientras la Virgen es la intercesora, *auxilium christianorum,* para la salvación del pueblo cristiano. Se dice de Ester *"Ester fue llevada al rey Asuero, a la casa real,... El rey amó a Ester más que a todas las mujeres, y ella halló gracia y favor ante él más que todas las jóvenes. Puso la diadema real sobre su cabeza y la hizo reina en lugar de Vasti"* (Est. 2, 16-17). Habiendo sido elevada a Reina por el rey Asuero (Jerjes), pues la anterior reina había desobedecido al rey (Vasti, figura de Eva), Ester intercedió por su pueblo cuando el primer ministro Amán (figura del Anticristo) lanzó un edicto, aprobado por el rey, para exterminar a todos los judíos. Ante esta situación desesperada, Ester mandó a Mardoqueo (había adoptado a Ester como hija, Mardoqueo era una destacada figura del pueblo judío) hacer ayunos y oración para impetrar la misericordia de Dios. Así fortalecida y confiada, Ester descubrió al rey su origen judío y obtuvo su gracia, y éste decidió salvar a su pueblo. Por el contrario, fue colgado Amán del mismo patíbulo que se había preparado para Mardoqueo. Éste fue colocado luego en el

35

lugar de Amán, quedando como segundo del reino, algo así como un vicario del Rey, por lo que también puede considerarse su relación con el vicario de Cristo y la importancia que el Sumo Pontífice romano tiene en esta historia: no puede prescindirse de él. En Ester 2,20 se dice además: *"Ester cumplía las órdenes de Mardoqueo como cuando estaba bajo su tutela"*, lo cual nos hace pensar en que la Sma. Virgen cumplirá las órdenes del Vicario de Cristo, en cuanto éste haga la consagración de Rusia como fue pedida. Por otra parte, puede considerarse a Amán, queriendo derrocar al monarca, como figura también de un mal vicario de Cristo que conspira contra Cristo Rey, hasta que por intercesión de la Sma. Virgen, es derrotado.

Luego de su salvación el pueblo judío fue autorizado a vengarse de sus enemigos el mismo día en que según el edicto de Amán, debía ser aniquilado en el reino de los persas. Ese día fue el 13 de Adar, décimo segundo mes del año, que corresponde a nuestro febrero-marzo. De tal manera que el 13 de febrero fue el día de la liberación del pueblo judío y la venganza contra sus enemigos.

Ahora bien, la autora del libro que citamos ha hecho una correlación muy interesante, entre esta fecha del 13 de febrero (13 de Adar), con el 13 de febrero de 2005, fecha de la muerte de Sor María Lucía de Jesús y del Corazón Inmaculado, es decir, la Hna. Lucía de Fátima (que en portugués se dice Lúcia). Es posible que esa misma fecha Dios nos haya querido dar un mensaje de esperanza en nuestra liberación, y que la estrella que ostenta Ntra. Sra. de Fátima en su túnica corresponda simbólicamente a su misión sublime que remite a esa figura de la suya que fue la de Ester, ya que además este nombre significa "estrella". Recordemos que a la Sma. Virgen se la invoca también como "Stella matutina", estrella de la mañana. La Hna. Lucía falleció justo en vísperas del primer Domingo de Cuaresma, el tiempo litúrgico dedicado a la oración y la penitencia. Como dijimos antes, Ester mandó a Mardoqueo se hiciesen ayunos y oraciones para obtener la salvación de su pueblo. La Virgen ha mandado lo mismo. Pero, como indicó la Hna. Lucía, ya no debía esperarse que este llamado nos llegase a través de los Obispos y autoridades de la Iglesia, así que ella misma se hizo eco del mensaje de la Virgen, y el día y tiempo de su fallecimiento parecieran remarcarlo para que no se nos olvide.

Podemos sin dudas ver un lazo entre el libro de Ester y lo que está ocurriendo hoy en el mundo: se ha lanzado un plan de exterminio por parte de Satanás y sus agentes de la Contra-Iglesia, los globalistas utópicos que pretenden reducir la población mundial eliminando a una gran parte de ella, por muy diversos medios, manipular al resto que quede con sus sofisticados medios tecnológicos, y acabar de una buena vez con la religión católica y más aún, con toda noción de lo sobrenatural y vestigio del orden natural creado por Dios. Los acontecimientos se suceden vertiginosamente y la urgencia que tienen los enemigos de Dios los está llevando a apresurar sus medidas criminales en todo el mundo. En esta situación donde todos los medios humanos están contra nosotros, donde como el pueblo judío de aquel entonces, estamos amenazados y sin recursos, sin armas, sin caudillos, en definitiva, perdidos, sólo María, la Madre de la Misericordia, la Medianera de todas las gracias, puede interceder por nosotros para salvarnos, porque Ella es la Omnipotencia Suplicante cabe Dios. Como dice San Bernardo: *"Sólo se abstenga de alabarla el que, al llamarla en las tribulaciones, no fue escuchado"*. Y Santo Tomás: *"Es por tanto necesario que quien desee alcanzar gracia de Dios se acerque con devotísimo corazón a esta mediadora, porque siendo reina de misericordia y no teniendo absolutamente parte alguna en el reino de la justicia, nada podrá negar al que le pide*"(Salut. Angel. Exp. II).

No hay otra vía y el tiempo se va acabando. De allí la importancia de entender esto y poner por obra una Cruzada mundial de Rosarios al Corazón Inmaculado para que Dios al fin intervenga, antes de que sea demasiado tarde. Oración y penitencia deben hacer propicio nuestro deseo ante quien es el Auxilio de los Cristianos y cuyo oficio es la Misericordia. *"Por tanto, invoca Tú al Señor, y habla por nosotros al rey, para librarnos de la muerte."* (Est. 15,3).

¡Madre, sálvanos!

¡Viva el Sagrado Corazón de Jesús y el Corazón Inmaculado de María!

¿NADA QUE HACER?

Digámoslo sin vueltas: Todos estamos amenazados, todos corremos un gran peligro. Visto desde todos los ángulos, el panorama no puede ser peor. Desde inicios del 2020 todo parece haberse coaligado para tejer una inmensa red donde todos los habitantes de este mundo – salvo un pequeño grupo de poderosos sin escrúpulosqueden atrapados.

Una "pandemia" que, más allá de lo sanitario, todavía cuestionado, ha llevado a los gobiernos del mundo a medidas policiales coercitivas de tipo comunista, al cierre de las fronteras, al confinamiento masivo, al quiebre de las economías, a la prohibición del culto religioso, a la permanente vigilancia, a la imposición de un relato único e incuestionable. Vacunación forzada o experimentación genética obligatoria (inyección venenosa), pases sanitarios, persecución de los disidentes, censura contra la verdad, extensión de la diabólica ideología de género, facilidades para el aborto y la corrupción de los niños, profanación de iglesias católicas, desempleo, depresiones y suicidios, familias distanciadas y divididas, poblaciones enfrentadas y en permanente conflicto con sus gobernantes, crisis laboral, crisis energética, desabastecimiento de comida en los países más industrializados, hambre en los países subdesarrollados en fin: "Nueva normalidad", "Cultura de la cancelación". A todo esto, el apoyo explícito y cómplice del papa Francisco y toda la jerarquía vaticana en lo que parece haberse constituido una especie de nueva religión: el "covidismo". Y la persecución a la Misa tradicional, el ocultamiento de la religión recluida al ámbito sólo de lo privado, la prohibición de asistir a los santuarios marianos, entre tantas aberraciones nunca antes vistas. La abominación de la desolación en la Iglesia, el misterio de iniquidad a toda marcha, el humo de Satanás que todo lo envuelve.

La élite globalista tecnotrónica, precursora del reinado del Anticristo, quiere el control total mediante la esclavización de la humanidad. El esclavo perfecto es aquel que ni siquiera puede controlar o ser dueño de su propio pensamiento. Es lo que buscan los nuevos Dr. Frankenstein, mediante las nuevas tecnologías de interfaz cerebro-computadora, la nanotecnología, los métodos de digitalización ultrasofisticados, la optogenética, los electrodos implantados, la estimulación electromagnética transcraneal, el transhumanismo: obtener seres humanos sin libre albedrío, infrahumanos al servicio absoluto de los nuevos "dioses", ese pequeño grupo de desquiciados plutócratas –masones y satanistas- que han fabricado o se han apoderado de los gobiernos liberales, democráticos y comunistas de casi todo el planeta gracias al poder de fabricar dinero "de la nada", a sus grandes negocios de especulación y la imposición de impagables deudas a todos los países. A la vez se impone una ideología monstruosa que pretende acabar con la identidad biológica de hombres y mujeres, creando unos híbridos ajenos a toda realidad, fluctuantes en pos de sus deseos más depravados, que finalmente serán el descarte y el deshecho de un mundo donde casi no existirá la familia según Dios la creó. Sin dudas los peores criminales de la historia se han adueñado del mundo y un exterminio en ciernes se avizora. Hasta los perros oliendo el horizonte pueden sentir que lo que está llegando no huele nada bien. El mundo moderno es un fraude que está llegando a su nada glamoroso ni hollywoodense "The End".

El diablo les ha inoculado a tan demenciales conspiradores (cuyos rostros visibles son los "filántropos" Schwab, Gates, Soros, etc.) la utopía de rehacer el Génesis, y para eso, hacer un hombre nuevo "a su imagen y semejanza". Dios hizo al hombre libre, el diablo quiere hacerlo esclavo, sin libre albedrío, para que no pueda amar a Dios. En definitiva, quiere borrar todo rastro de la Redención de Nuestro Señor. Cosa que, va de suyo, Dios no permitirá.

Y bien, las explicaciones sobre la conspiración covídica, sobre los planes del "Nuevo Orden Mundial", sobre la "Agenda 2030", etc., abundan. Hay algunos pocos libros e informes muy serios y valiosos, en medio de tanto palabrerío ignaro. Ahora, cuando se trata de responder a la pregunta ¿Cómo luchar contra todo esto?, ¿Qué hacer?, ahí se pierde toda claridad y se cae en declaraciones de optimismo humanista, en resistencias que sólo piden "Libertad" o "Democracia" a sus carceleros o...se cae en la desesperación. Mientras tanto una gran parte de la población –sobre todo católico-liberal- permanece en su propio mundo de fantasía, pensando que pronto todo ha de volver a ser igual que antes. El Liberalismo nos ha conducido al Comunismo, hay que entenderlo de una buena vez. Y no se trata sólo de entenderlo para dar una "batalla cultural": esto va más allá, esto es un problema necesariamente religioso. ¿Conferencias, charlas y videos van a cambiar la situación? No. Se van a esclarecer algunos pocos, pero todavía no estamos haciendo lo que hay que hacer. Al enemigo no lo va a frenar un puñado de personas intelectualmente esclarecidas, ni otro grupo de personas protestando, luego de muchos años de participación liberal-democrática que han consolidado el sistema. Cierto, puede haber resistencias que demoren sus planes, que obstaculicen sus plazos, que estorben sus proyectos. Pero en el fondo, esto no va a cambiar si no cambia la causa que lo ha provocado.

Para saber *qué hacer* hay que saber *cuál* es realmente el problema y *cómo* se llegó a esto. La primera medicina es saber la enfermedad.

Estamos en medio de la más grande Revolución de la historia. Ha comenzado instigada por aquel que dijo "*No serviré*" y ha sido vehiculizada por quienes luego dijeron "*No queremos que éste reine sobre nosotros*". Finalmente, llegó el Concilio fatal, donde a Cristo "*lo destronaron*". Y la Iglesia quedó cautiva de sus enemigos, que, aunque no lo lograrán, sólo piensan en aplastarla. Sí han tenido estupendo éxito en neutralizarla.

"¿Quién se ha parado a considerar la cantidad de bienes que otorgó en su bondad a los hombres Aquel que tantas maldades soportó de ellos? ¿Quién considera cuántas maldades soporta todavía, incluso ahora que desde el cielo reina sobre el corazón de los fieles? A diario padece todo lo que sus elegidos sufren de parte de los réprobos. Y, aunque la Cabeza de este cuerpo que somos nosotros, se encuentra ya libre por encima de todo, sin embargo, siente todavía las heridas por medio del cuerpo que mantiene aquí abajo" (S. Gregorio Magno, Moralia)

Lo peor de esta situación es que nosotros los fieles pensamos demasiado y únicamente en nosotros mismos, en nuestra propia situación personal, en nuestra estadía en este mundo de pecado y exilio, y parece no importarnos demasiado las ofensas que se hacen a Dios, el desprecio por el Corazón de Jesús, las blasfemias y pecados contra el Inmaculado Corazón, los ataques a la Iglesia, las almas de hermanos nuestros que se pierden... "*He aquí ese Corazón que tanto ha amado a los hombres, que nada ha ahorrado, hasta agotarse y consumirse, para testimoniarles su amor*" (palabras de N. S. Jesucristo a Sta. Margarita María, mostrándole Su Sagrado Corazón), pero "*Él vino a lo suyo, y los suyos no lo recibieron*" (Jn. 1,11). Peor aún, una vez recibido, luego ¡lo expulsaron! (Vaticano II y laicización de los Estados). Para entender la magnitud del castigo que atravesamos y que aún puede desatarse con mayor violencia, por parte de la justísima mano de Dios, pensemos en lo que fue el rechazo de su propio pueblo, los judíos, al Mesías, conduciéndolo a la humillación, el vilipendio, el desprecio, y la afrenta de morir crucificado como un vulgar ladrón. El castigo fue uno de los hechos más atroces de la historia, la destrucción de Jerusalén y su magnífico templo, más la dispersión de los judíos, cargando sobre sí su propia maldición. Hoy el pueblo de Dios, la Iglesia católica, ha rechazado una y otra vez los reclamos amorosos de su Corazón y hasta se ha atrevido a desdeñar el Mensaje de la Sma. Virgen de Fátima. El resultado es una degradación, envilecimiento y podredumbre sin comparación dentro de la Iglesia oficial, infestada del pecado nefando y contranatura, la apostasía desoladora y la fornicación con los poderes de este mundo cuyo príncipe es Satanás.

Entonces, ¿todo está perdido? ¡No! Por el contrario, tenemos *las armas más poderosas* con las que podemos contar.

Si bien en la esfera pública, ya nada puede hacerse, visto el poder político, económico y mass-mediático de los enemigos, que poseen el dinero, las armas, la prensa, las universidades, las escuelas y la tecnología, por no decir también las mentes de las multitudes, en esta guerra de la Serpiente contra la Mujer, es decir, de Satanás contra la Virgen María, debemos dar nuestro *contraataque* pues contamos con la Fe, la Esperanza y la Caridad que deben ser llevadas al trono del Rey a través de una incesante actitud de reparación y confianza, de penitencia y oración, *con las armas poderosísimas que el mismo Cielo nos ha dado: "Los últimos remedios dados al mundo son:*

43

el santo rosario y la devoción al Corazón Inmaculado de María. 'Últimos' significa que no habrá otros" (Hermana Lucía de Fátima al padre Fuentes). En cada aparición de Fátima, Ntra. Sra. pidió el rezo del rosario, al cual le ha dado un poder temible contra las fuerzas infernales y una eficacia mayor que nunca. El Rosario es *un arma victoriosa* y quien lo reza cuenta con esa garantía: se vuelve imbatible. Eso está históricamente probado. Por eso el Padre Pío decía: "*Con el rosario se ganan batallas*". Y decía el Padre Calmel: "*La Virgen del rosario no ha terminado de obtener victorias. Ella espera para eso, de nuestra parte, un fervor redoblado, una confianza más filial, un coraje sin tacha*". Con el santo rosario aplastamos la cabeza de la serpiente infernal; los demonios lo han confesado a través de los posesos, por orden de diversos exorcistas. Con la meditación del rosario nos santificamos y somos de verdad útiles a la santa Iglesia. Rezando el santo rosario vencemos al pecado y salvamos almas.

El Santo Rosario es, luego del Santo Sacrificio de la Misa, la mayor arma de destrucción masiva de enemigos de Dios con que contamos, pues es la intervención de la Santísima Virgen alrededor de sus hijos. La devoción al Corazón Inmaculado de María debe ser el remedio, la "vacuna" que debemos aplicar y aplicarnos en constantes dosis que aumenten nuestra confianza y nuestro coraje en la batalla.

Hemos de pedir a Dios, humillados y esperanzados:

"*Levántate, Dios, defiende tu causa;*

recuerda cómo el insensato te insulta continuamente.

No te olvides del vocerío de tus adversarios,

porque crece el tumulto

de los que se levantan contra Ti"

(Salmo 73, 22-23)

San Luis María Grignion de Montfort nos convoca a la gran batalla:

"*¡A las armas! ¡Tomad con una mano la Cruz y el Rosario con la otra y combatid con valor por la más noble de las causas: por el honor de Dios y la gloria de su Madre*".

¡Viva el Sagrado Corazón de Jesús y el Corazón Inmaculado de María!

"UNA FIRME Y VALEROSA RESISTENCIA"

El pasado 16 de noviembre S. E. Mons. Viganò ha hecho un llamamiento para construir una alianza internacional contra el mundialismo. Aplaudimos la buena voluntad del Arzobispo Viganò que no ceja en su empeño de luchar contra la Revolución que con su "dictadura sanitaria", su "ideología de género" y su "política de cancelación" está arrasando con todo lo que resta de la civilización cristiana y la Iglesia Católica, aún más, con el orden natural creado por Dios. Ya quisiéramos que más obispos se unieran a sus iniciativas y su voz de alerta, cosa que por supuesto sería muy extraño dado el estado de apostasía en que se encuentra la jerarquía eclesiástica. Sin embargo, creemos que la única manera de oponerse y tener chances contra una revolución, es hacerlo de manera contrarrevolucionaria. No hay otra posibilidad. Y esto es lo que lamentablemente no encontramos en las palabras de Viganò. El breve texto del arzobispo introduce en su primera parte una descripción lúcida de lo que está ocurriendo desde finales del 2019 en todo el mundo, este trastorno revolucionario que nos sacude a todos:

"Desde hace ya dos años asistimos a un golpe de estado por el que una élite financiera e ideológica ha conseguido adueñarse de parte de los gobiernos del mundo y de instituciones públicas y privadas, los medios de prensa, el poder judicial, la política y los dirigentes religiosos. Todos ellos, sin distinción, se han vuelto esclavos de estos nuevos amos que garantizan poder, dinero y presencia social a sus cómplices.

Derechos fundamentales que hasta ayer se considera-ban inviolables son pisoteados en nombre de una emergencia: hoy de índole sanitaria, mañana ecológica y pasado mañana internética.

Este golpe de estado mundial priva a los ciudadanos de toda posible defensa, dado que los poderes legislativo, ejecutivo y judicial son cómplices de la vulneración de la ley, la justicia y su misma razón de ser.

Es un golpe de estado mundial porque este ataque criminal a la ciudadanía se extiende, con raras excepcio-nes, a todo el planeta.

Es una guerra mundial en la que los enemigos somos todos, incluso quienes no saben ni han entendido el al-cance de lo que está sucediendo.

Una guerra que no se libra con armas, sino con re-glas ilegítimas, políticas económicas erradas e intolera-bles restricciones de los derechos naturales.

Organizaciones supranacionales, financiadas en gran medida por los perpetradores del mencionado golpe, interfieren en el gobierno de las naciones y en la vida, relaciones sociales y salud de miles de millones de personas.

Es indudable que lo hacen por dinero, pero más to-davía lo hacen para centralizar el poder con miras a ins-taurar una dictadura a nivel planetario.

Se trata del Gran Reinicio del Foro Económico Mun-dial, la Agenda 2030 de las Naciones Unidas.

El plan del Nuevo Orden Mundial, en el que una re-pública universal esclaviza a todo el mundo y una Reli-gión de la Humanidad reemplaza a la fe en Cristo".

Destaquemos dos conceptos que nos parecen los más relevantes: 1)*Es una guerra mundial* y 2) *El plan del Nuevo Orden Mundial, en el que una república universal esclaviza a todo el mundo y una Religión de la Humanidad reemplaza a la fe en Cristo.* Esto último es el viejo plan de la Masonería o, para decirlo mejor, de la Sinagoga de Satanás que vehiculiza a las logias masónicas e implanta primero las democracias liberales que favorecen el arribo del comunismo, para llegar al final al reinado del Anticristo. Es indudable que los acontecimientos ocurridos en la Iglesia en los últimos años (renuncia de Benedicto XVI, elección de Francisco) han formado parte del aceleramiento de este plan diabólico en plena ejecución. Hace mucho tiempo que los conspiradores globalistas desean arribar al final de sus utópico y demencial proyecto (v.gr., 1919 parecía un año en que tenían todo a su favor para concretarlo), pero una y otra vez han encontrado obstáculos que lo han retrasado. Lo que muestra el aceleramiento de sus acciones es su desesperación, pues quien mueve sus hilos es el diablo, que sabe le queda poco tiempo. Ahora parecen querer llegar cuanto antes a su "Nuevo Orden Mundial", y los medios tecnológicos en sus manos parecen favorecer sin dudas sus siniestros planes, cuya meta se han propuesto para el año 2030 ("Agenda 2030").

Ahora bien, esos dos puntos que hemos destacado de Mons. Viganò ya habían sido anunciados como próximos a realizarse, y a la vez resueltos, en Fátima, cosa que, lamentablemente, Mons. Viganò olvida o no menciona. De hecho ya nadie lo menciona. Recordemos las palabras de la Virgen el 13 de julio de 1917 en Fátima:

"Visteis el infierno, a donde van las almas de los pobres pecadores; para salvarlas, Dios quiere establecer en el mundo la devoción a mi Inmaculado Corazón. Si hacen

48

lo que yo os diga, se salvarán muchas almas y tendrán paz. La guerra va a acabar. Pero, si no dejan de ofender a Dios, en el reinado de Pío XI comenzará otra peor. Cuando veáis una noche iluminada por una luz desconocida, sabed que es la gran señal que Dios os da de que va a castigar al mundo de sus crímenes, por medio de la guerra, del hambre y de persecuciones a la Iglesia y al Santo Padre.

Para impedirla vendré a pedir la consagración de Rusia a mi Inmaculado Corazón y la comunión reparadora en los primeros sábados. Si atienden mis peticiones, Rusia se convertirá y tendrán paz; si no, esparcirá sus errores por el mundo, promoviendo guerras y persecuciones a la Iglesia. Los buenos serán martirizados, el Santo Padre tendrá mucho que sufrir, varias naciones serán aniquiladas. Por fin Mi Inmaculado Corazón triunfará. El Santo Padre me consagrará a Rusia, que se convertirá, y será concedido al mundo algún tiempo de paz. En Portugal se conservará siempre el dogma de la Fe."

Dios ha hablado con claridad en Fátima, sin embargo los hombres buscamos otro camino, y no el que Él nos ha señalado. Destaquemos estas palabras de la Madre de Dios: 1) *Si hacen lo que yo os diga, se salvarán muchas almas y tendrán paz.* 2) *Si atienden mis peticiones, Rusia se convertirá y tendrán paz; si no, esparcirá sus errores por el mundo, promoviendo guerras y persecuciones a la Iglesia.* 3) *Por fin Mi Inmaculado Corazón triunfará. El Santo Padre me consagrará a Rusia, que se convertirá, y será concedido al mundo algún tiempo de paz.*

Podrían decirse hoy, más que nunca, aquellas palabras que la Hermana Lucía le dijo al Padre Fuentes, el 26 de diciembre de 1957:

"Padre, la Santísima Virgen está muy triste porque

nadie ha prestado ninguna atención a Su Mensaje, ni los buenos ni los malos. Los buenos continúan su camino, pero sin dar ninguna importancia a Su Mensaje. Los malos, no viendo realmente caer el castigo de Dios sobre ellos, continúan su vida de pecado sin atender siquiera el Mensaje. Pero créame, Padre, Dios castigará al mundo y eso será de una manera terrible. El castigo del Cielo es inminente."

Es indudable que los que se oponen a la Tiranía mundial que se está forjando, deben intentar unirse, ayudarse, fortalecerse y combatir, para no dejarse avasallar, pero atención, no con la idea de que debido al gran número que podría reunirse, podría vencerse el poder de la Bestia, un poder que no le ha sido dado sino por nuestros innumerables pecados. *"Si la ofensiva es mundial, la defensa también debe serlo",* dice Viganò, y es cierto. Pero hay que trascender el alcance meramente geográfico para entender que la ofensiva es cosmopolita y la respuesta debe ser católica. Es la ciudad del hombre vuelto dios, contra la Ciudad del Dios que se hizo Hombre. Es la estirpe de la serpiente contra los hijos de la Mujer, es el Génesis que se continúa y se prolonga hasta el Apocalipsis. Hay solo dos banderas debajo de las cuales alistarse y pelear. No hay más.

El siguiente párrafo del llamamiento: *"Exhorto a los gobernantes y los dirigentes políticos y religiosos, los intelectuales y todos los hombres de buena voluntad, y los invito a asociarse en una alianza que promulgue un manifiesto antimundialista que rechace punto por punto los errores y desviaciones de la distopía del Nuevo Orden Mundial, a la vez que proponga alternativas concretas para un programa político basado en el bien común, los principios morales cristianos, los valores tradicionales, la defensa de la vida y la familia natural, la protección de la empresa y el trabajo, la promoción de la enseñanza y la investigación, y el respeto a la Creación"*, parece poder obtener más bien otro manifiesto testimonial, antes que una efectiva contraofensiva contra el poder de las tinieblas que opera sobre los actuales dueños del poder mundial. La propuesta es bastante "idealista" (por decirlo respetuosamente) y las alternativas concretas ya están prácticamente enseñadas en la Doctrina social de la Iglesia, ¿qué más van a inventar o proponer? Por otra parte, todo "programa político" requiere los agentes capaces de llevarlo a cabo, y eso es precisamente lo que hoy nos falta. Castigo del Cielo a los hombres que no han querido perseverar en su militancia cristiana, hoy no tenemos líderes o caudillos, y no los tendremos mientras los hombres no sepan arrodillarse ante Dios y reconocer que Él es el Rey y ellos sus vasallos. ¿Es que acaso se pretende que algunos políticos conservadores, liberales y de "derecha" vayan a vencer a la Sinagoga de Satanás, al poder de la Bestia? Pretender esto es recaer en la ilusión a la que muchos sucumbieron cuando fueron las elecciones norteamericanas. ¿Otra vez van a cifrar sus esperanzas en Donald Trump? Desde luego, no negamos con esto que haya alrededor del mundo políticos sinceros y valientes que se enfrentan al actual estado de cosas, los hay y los aplaudimos, no son todos cómplices o corruptos, pero son una ínfima minoría sin posibilidades ni poder frente a la red global de logias y asociaciones —secretas o no- que conspiran y cuentan con el poder financiero, militar y de la prensa y los medios de entretenimiento, y que manejan los gobiernos, las organizaciones internacionales, la educación y los tribunales de justicia de acuerdo a su "agenda".

Por otra parte, el único manifiesto antimundialista que teme —ciertamente le horroriza- la Sinagoga de Satanás y sus secuaces es <u>la proclamación clara del Reinado social de Jesucristo</u>. Es lo que enseñó el Sagrado Corazón de Jesús en Paray-le-Monial y el Corazón Inmaculado de María en Fátima. Ambas apariciones son netamente contrarrevolucionarias. A la Revolución sólo puede oponérsele la Contrarrevolución.

Luego Mons. Viganò parece un poco simplista al proponer o esperar una alianza de naciones: *"La Alianza Antimundialista habrá de agrupar a las naciones que deseen librarse del yugo infernal de la tiranía y afirmar su soberanía, estableciendo acuerdos de mutua colaboración con las naciones y los pueblos que compartan sus principios y el anhelo común de libertad, justicia y bien"*. Hay que decir que ya hay naciones que están sosteniendo su propia agenda y en cuanto pueden mantienen distancia y se oponen a la agenda globalista del Nuevo Orden Mundial, por caso Rusia y algunos países del Este europeo. Pero sucede que el enfrentamiento no puede ser sino sigiloso, cauteloso e indirecto. Los poderes de los que gobiernan en las sombras son tan grandes, que pueden hacer tambalear o quebrar a cualquier gobierno o país, por no decir que asesinar a cualquier gobernante o llevar al mundo a una tercera guerra mundial. La política internacional es infinitamente compleja. Rusia –mencionamos el país que se olvida que está en las antípodas de la agenda anglosajona-sionista y está llamado a cumplir un papel relevante en los próximos tiempos- no puede ir más allá en su resistencia, y por el momento mantiene su agenda geopolítica respecto del "Covid" (no impone las restricciones ni la vacuna, como se hace en prácticamente todo Occidente, y no ha aceptado las "vacunas" que están causando estragos en los países anglosajones), pero de oponerse abiertamente e intentar ponerse de espaldas al mundo entero, una serie de sanciones, embargos, ataques mediáticos y desestabilización interna –pues hay los quintacolumnistas que son los más peligrosos- crearían una situación inestable en aquel país, y de hecho ya a raíz de la "pandemia" han abierto una brecha en el muro del Kremlin. Una actitud de abierto enfrentamiento por parte de Rusia desencadenaría una serie de medidas contra este país que lo afectaría gravemente en sus actuales proyectos de fortalecimiento frente a un conflicto militar que se avizora en el horizonte. Cuando fue el conflicto de Crimea las sanciones económicas lanzadas contra Rusia hicieron que bajasen sus exportaciones en un 50%. La economía rusa no puede permitirse entrar en crisis o ser amenazada de una asfixia económica o tecnológica, ante el coloso chino o norteamericano que pisan fuerte en el horizonte de un conflicto mundial, y si bien los Estados Unidos están en franco declive, aún sigue siendo la mayor potencia económica junto con el gigante comunista asiático. Imaginemos un país donde el poder político esté menos afianzado que en Rusia, y entenderemos qué margen de acción pueden tener los gobernantes que no actúen con precaución. Las provocaciones que recibe Rusia en sus fronteras, que podrían llevar a una devastadora guerra mundial, serían mayores aún de formarse la referida "Alianza". Por otra parte, ¿cuántos países pueden considerarse "soberanos"? ¿Cuántos no tienen gobernantes cobardes? Verdaderamente los gobernantes de las naciones, por el poder exterior y/o por su propia impotencia y/o traición, se encuentran tremendamente limitados en su accionar.

Por supuesto que pueden tomarse iniciativas como las que señala luego Viganò: "*Deberá poner al descubierto los crímenes de la élite, identificar a los responsables, denunciarlos ante los tribunales internacionales y poner coto a su excesivo poder y su nefasta influencia. Asimismo, deberá impedir la actuación de los lobbies, ante todo combatiendo la corrupción de las autoridades y de quienes trabajan en el mundo de la información, así como inmovilizando el dinero destinado a desestabilizar el orden social*". Pero lo siguiente es muy general y puede ser interpretado de diversos modos: *"En los países cuyos gobiernos sean siervos sumisos de la élite, habrán de crear movimientos de resistencia popular y comités de liberación nacional, con representantes de todos los sectores de la sociedad que propongan reformas radicales en la política inspiradas en el bien común y firmemente contrarias al proyecto neomaltusiano del plan mundialista".*

"Habrán de crear movimientos", ¿quiénes? ¿Qué tipo de resistencia? ¿Cómo se llevarían a cabo esas reformas radicales? Téngase en cuenta además que la mayoría de las poblaciones de todos los países está narcotizada por la propaganda Covid de los mass media e inmunizada contra toda forma de pensamiento realista, tras largas décadas de democracia liberal anticristiana, que es la religión que casi todo el mundo ha adoptado y que nos traído hasta aquí. Una de las consecuencias de la actual "pandemia", además, es la división y enfrentamiento en las sociedades y en las familias, una astuta y nueva "lucha de clases" comunista. Incluso muchos "antisistema" se prestan a este juego, cayendo en la sectaria mentalidad de repeler a cualquiera que haya recibido la vacuna. El falso enfrentamiento dialéctico propuesto por el enemigo, no conduce a nada. Ya lo dijimos más arriba: hay solo dos banderas.

No creemos en la inacción, por supuesto, creemos que tenemos el deber de combatir y de hacerlo con entusiasmo, pues sabemos además que estamos del lado de los vencedores. La propuesta de Viganò es estimulante, pero creemos que la misma debe tener su base sólida y ésta se encuentra únicamente en lo religioso. Simplemente porque todo esto ha venido por la apostasía de las naciones, que han dicho "No queremos que éste reine sobre nosotros" y por la apostasía de la Iglesia que en el Vaticano II ha destronado a Nuestro Señor, es porque hay que volver sobre nuestros pasos. "La primera medicina es conocer la enfermedad". Nuestro Señor lo dijo: "*Sin Mí no podéis nada*".

Sería fantástico que las naciones convocadas respondieran a esta convocatoria que dice: "*Convoco a las naciones cristianas de Oriente y Occidente e invito a los jefes de estado y las fuerzas sanas de las instituciones, la economía, los sindicatos, las universidades, la sanidad, el sistema de salud y los medios de comunicación a aunarse en un proyecto común que desbarate los esquemas y deje de lado las hostilidades deseadas por los enemigos de la humanidad en nombre del divide et impera. Llamo a las naciones y a sus ciudadanos a aunar fuerzas bajo la Cruz de Nuestro Señor Jesucristo, único Rey y Salvador y Príncipe de la Paz. In hoc signo vinces*". Eso debería implicar, aunque no lo dice abiertamente, una opción decidida por Cristo Rey, y eso significa la guerra total, frontal y terrible contra los enemigos de Dios. Ahora bien, en esta guerra no puede prescindirse de la Iglesia, por el contrario ésta debe jugar un papel preponderante, cosa que por el momento no es posible, como todo el mundo comprende, ya que su jerarquía –especialmente el papa- se ha colocado del lado de los enemigos. Un blog tradicionalista francés dice que Mons. Viganò en este llamamiento "Invita a formar una alianza internacional antiglobalización para establecer un orden social católico". Pues no, no es eso lo que ha dicho Viganò, en ningún momento ha hablado de *un orden social católico*. Menciona el cristianismo y a Nuestro Señor, pero no a los católicos y mucho menos a la Sma. Virgen María (a pesar de que su alocución en video lo muestra con un icono de la Madre de Dios a sus espaldas). ¿Acaso porque se dirige también a los protestantes y se prefiere "evitar lo que separa"? Como fuere, ¿es que Ella no tiene ningún papel en este combate? ¿No es la que aplasta la cabeza de la serpiente? ¿No ha sido el

Santo Rosario lo que ha dado a la Iglesia las más resonantes victorias en los tiempos modernos? ¿Y acaso no vendrá la paz a raíz de la consagración de Rusia? Esta omisión nos parece grave.

Veamos lo que Ella mismo nos dijo en dos de sus apariciones del siglo XX:

"Quiero que continuéis rezando el rosario todos los días, en honor de Nuestra Señora del Rosario para obtener la paz del mundo y el fin de la guerra, porque sólo Ella os puede ayudar". (La Santísima Virgen María, en Fátima, 13 julio 1917).

"Reza mucho las oraciones del Rosario. Solo yo puedo todavía salvarles de las calamidades que se acercan. Aquellos que ponen su confianza en mí se salvarán. ("La Santísima Virgen María, en Akita, 13 de octubre de 1973).

Sus palabras no pueden ser más claras. Sólo en Ella reside nuestra esperanza.

De modo tal que la "Alianza antimundialista", por más buenos que fueren los que la integren, no funcionará, y las siguientes palabras del destacado Arzobispo nos lo confirma:

"Fundemos esta alianza antimundialista, dotémosla de un programa claro y sencillo y libremos a la humanidad de un régimen totalitario que reúne en sí todos los horrores de las peores dictaduras de todos los tiempos".

No, que se entienda que el hombre no va a liberar al hombre. Nosotros no vamos a librar a la humanidad de nada, ya hemos hecho demasiados desastres. No hay que decir "libremos", hay que decir imploremos para que Ella, la Inmaculada, la Madre de Dios, Nuestra Señora del Rosario de Fátima, el Corazón Inmaculado de María, Ella que es el Auxilio de los cristianos, la Omnipotencia Suplicante, nos libre y haga que la Iglesia vuelva a relucir y a salvar almas en todo el mundo. Porque sólo en Ella, en nuestra Libertadora, y no en los hombres ni en una alianza de quienes fueren, por más bien intencionados que sean quienes la integren, sólo en Ella se encuentra la solución a esta guerra espantosa, dramática y final, de la cual la jerarquía de la Iglesia forma parte. Si la Iglesia no vuelve al orden, el mundo no puede volver al orden. Y es a través de la Santísima Virgen, que mediante el papa cumplirá su promesa, que podrá detenerse este infernal avance de las fuerzas del mal. El camino ya está trazado. Nosotros debemos seguirlo colaborando a través de la devoción al Corazón Inmaculado, la oración, el sacrificio y cumpliendo lo mejor que podamos nuestro deber de estado.

Hemos llegado a un punto donde humanamente ya no es posible vencer al enemigo. En verdad, jamás ha sido posible una solución humana, si no hay la Voluntad divina. Pues bien, la Virgen nos ha dicho cuáles eran los dos últimos recursos con que contábamos, y ya no habrá otros: la devoción al Corazón Inmaculado y el Santo Rosario. Eso es lo que nos atraerá la intervención misericordiosa de Dios a través de lo que ha prometido: la victoria del Corazón Inmaculado. Sólo así, todas las iniciativas de acción social, política o económica, serán provechosas para salir victoriosos en esta guerra total contra el poder de las tinieblas.

"Pero la humilde María triunfará siempre sobre aquel orgulloso, y con victoria tan completa que llegará a aplastarle la cabeza, donde reside su orgullo. María descubrirá siempre su malicia de serpiente, manifestará sus tramas infernales, desvanecerá sus planes diabólicos y defenderá hasta el fin a sus servidores de aquellas garras mortíferas" (San Luis María Grignion de Montfort)

¡Viva el Sagrado Corazón de Jesús y el Inmaculado Corazón de María!

¡CONTRAATAQUE!

"Las armas de nuestra milicia no son carnales,

sino poderosas en Dios, para derribar fortalezas"

II Corintios X, 4.

El reciente motu proprio *Traditionis custodes,* fue arrojado por Francisco como una bomba impiadosa sobre las ruinas de la Iglesia, en el nombre de la "unidad", aparentemente amenazada por un puñado de fieles que sólo querían seguir rezando de una manera inequívocamente católica. Está claro que lo que amenaza la Misa tradicional es la unidad de la neo-iglesia modernista, una unidad en el objetivo de forjar una neo-religión universal apta para el Reinado del Anticristo. El motu proprio se trata de uno más de los periódicos cartuchos de dinamita marca "Vaticano II" con que Bergoglio –al parecer siguiendo el guión de la mafia de Saint-Galo- está demoliendo la Iglesia desde su arribo a la sede petrina. Muy bien podría Francisco ser tildado de "empresario de demoliciones", título que solía ostentar en una tarjeta personal el herético blasfemador francés León Bloy (a quien por cierto Francisco se ha complacido en citar en más de una ocasión, incluso en la primera homilía de su proceloso pontificado).

Este uno de los ataques más virulentos y menos disimulados hacia los católicos fieles a la Misa tradicional, es decir, sobre los que quieren seguir siendo católicos, desde el tiempo en que fue promulgado el Novus Ordo por Pablo

VI.

De allí que algunos ahora han debido reconocer las razones de sobra que tenía Monseñor Lefebvre, allá lejos y hace tiempo, para lanzar su operación supervivencia de la Tradición. Sin embargo, no han sido ni mucho menos sus sucesores lo que volvieron a decir las cosas con la acerada claridad del gran Arzobispo. ¿Por qué no recordar lo que Mons. Lefebvre escribía de su puño y letra, el 29 de agosto de 1987, al inicio de su carta dirigida a los futuros obispos que iba a consagrar? Empezaba con las palabras siguientes:

"*Puesto que la Sede de Pedro y los puestos de autoridad de Roma están ocupados por anticristos, la destrucción del Reinado de Nuestro Señor prosigue rápidamente dentro mismo de su Cuerpo Místico en esta tierra*, especialmente por la corrupción de la Santa Misa, manifestación espléndida del triunfo de Nuestro Señor en la cruz: "Regnavit a ligno Deus", y fuente de expansión de su Reino en las almas y en las sociedades".

No cuesta imaginar que sus palabras serían hoy más duras, y no más elusivas, como las de sus sucesores. Y eso sin caer en el desvarío sedevacantista.

En tanto que en el mundo extra eclesial, ajeno por completo a estas circunstancias intra eclesiales, la diabólica ofensiva que se vive a nivel mundial contra el orden natural, sobre el cual reposa el orden sobrenatural, nos recuerda la ofensiva lanzada en la década del sesenta del pasado siglo, en el mismo sentido, derribando lo poco que quedaba de la cultura tradicional, bajo la influencia perversa y falsificadora del llamado "marxismo cultural", que venía de Londres, Washington y New York, antes que de Moscú.

Por entonces todo el mundo parecía volverse loco:

1960 pareció marcar una etapa decisiva en el asalto al control total de los enemigos de la Iglesia. El mundo post-segunda guerra mundial, con la victoria de la alianza cosmopolita anglo-yanqui-sionista-comunista (es decir, de los países en control de la Sinagoga de Satanás), encontró el terreno abonado para expandir la Revolución comunista incluso hasta el interior del Vaticano. El tercer secreto de Fátima, que debía ser dado a conocer en 1960, fue cuidadosamente ocultado por la cúpula vaticana. El terrible castigo para la misma Iglesia no se hizo esperar. Los hechos iban confirmando lo que la Virgen había advertido.

Sin embargo, ya consumado el desastre del Vaticano II, la Misericordia de Dios nos envió la <u>contraofensiva del Cielo</u>: fue conducida por <u>Monseñor Marcel Lefebvre</u>, formando una legión de verdaderos católicos resistentes, a partir del rescate del sacerdocio y la misa auténticamente católicos. La Tradición no podía morir, y no murió. Más aún, significó una verdadera y necesaria renovación, permitiendo a los jóvenes que se fueron sumando el descubrimiento de la Tradición católica, del tomismo y de la devoción mariana, descalabrados por la revolución conciliar.

Con una humildad tan arraigada como su firme determinación de continuar la obra de la Iglesia, sin medios materiales poderosos, en medio de las críticas y sanciones de Roma y de la prensa mundial que le era adicta, hasta el punto de llegar a las "excomuniones" que sobre él y sus seguidores lanzaron los modernistas, la obra de supervivencia, sin embargo, se fortaleció y continuó, conservando la Misa de siempre y los medios de santificación de la Santa Iglesia. Dios no iba a permitir que el Sacerdocio y la Misa desapareciesen. El nuevo Atanasio no retrocedió. La idea del reinado social de Cristo perduraba.

Pero, ya sabemos todos lo que a continuación lamentablemente sucedió: muerto el Fundador, los hombres a la cabeza de su herencia empezaron a perder la cabeza, por no tener el mismo espíritu de celo por la verdad (*celo paulino*, lo llamaría el Padre Grandmaison), la misma humildad y el mismo coraje para enfrentar a un enemigo al que ya no reconocían por tal. Los hombres decisivos dejaron de pensar que estaban en guerra y entraron en la dialéctica marxista del enemigo, astuto como serpiente (diálogo y "cultura del encuentro"). El espíritu liberal, el relajo y la abundancia de medios para realizar la obra de apostolado, y probablemente también la infiltración del enemigo, hicieron caer en gran medida −si bien no absolutamente a todos- a los hasta entonces resistentes de la Tradición católica en el orgullo institucional y el clericalismo, paso previo al fariseísmo. Como a Sansón, los astutos peluqueros liberales le cortaron su frondosa cabellera y perdió la fuerza que le venía del Cielo.

Pero la herencia no estaba del todo dilapidada y los buenos resistentes al nuevo estado de cosas surgieron. Por la misericordiosa iniciativa de Nuestro Señor, los herederos de Monseñor Lefebvre, cuya vida fue un combate que debe ser continuado, sin desviaciones ni a izquierda ni a derecha, han seguido sosteniendo las banderas de la intransigencia católica y de Cristo Rey. Esto es lo que transmiten los cuatro Obispos de la llamada "Resistencia". Ni liberalismo, ni sedevacantismo. No hay cancelación posible del combate de Monseñor Lefebvre.

Pero hemos dicho que la de Mons. Lefebvre y los defensores de la Tradición fue una Contraofensiva del Cielo, porque Mons. Lefebvre actuó guiado providencialmente, provisto de una claridad y valentía que no tuvieron par, en vistas del cumplimiento de los planes divinos, cuando él personalmente parecía ya haber realizado la misión de su vida y se aprestaba a procurarse un buen y calmo retiro.

La contraofensiva de Lefebvre fue a manera de "Resistencia" a las reformas liberales y modernistas salidas del Concilio, para conservar la idea del Sacerdocio y de la Misa como verdaderamente debían ser y siempre habían sido. En definitiva, fue un activo conservadorismo de la Tradición que conservó multiplicando, en cuanto pudo, lo que quería conservar, única manera de que el talento fructifique: no enterrándolo. Así se ha seguido transmitiendo. Y parte de esa transmisión era transmitir la combatividad intransigente, que le permitía a Lefebvre decir las cosas claramente, por su mismo nombre, de allí la calificación de anticristos a los jerarcas romanos. No se trataba de ínfulas de espadachines o justicieros veleidosos, sino del santo celo por el honor de Cristo mancillado por quienes debían exaltarlo.

Mientras tanto la Iglesia conciliar ha seguido avanzando sin obstáculos en sus demoledoras reformas, tratando de no dejar en pie nada que fuese católico, en pos del sincretismo mundialista que requiere el Nuevo Orden Mundial. Esta "iglesia" o secta modernista que ocupó los puestos de mando de la Iglesia, se mostró inexpugnable a todo asalto verdaderamente católico. Por ello luego de los intentos estériles de acercarse a Roma para intentar cambiar algo desde dentro mismo, Mons. Lefebvre comprendió cabalmente el espíritu perverso que guiaba a los conciliares, con los cuales había que poner distancia y evitar al fin los contactos pues se trataba simple y sencillamente de una guerra entre el catolicismo y el anticatolicismo o su falsificación modernista, ecumenista y mundana. No había ninguna posibilidad de acuerdo práctico sin acuerdo doctrinal, y lo que menos le interesaba a la Roma modernista era la doctrina católica. Roma, definitivamente, estaba ocupada por el enemigo.

¿Podía hacerse algo más contra los enemigos que mediante el Caballo de Troya llamado Vaticano II, habían invadido y se habían apoderado de la Ciudadela? ¿Había posibilidades de combatirlos, desde el otro lado de la muralla? Podía hacerse algo y se hizo, hasta que dejó de usarse la gran arma de combate que Dios nos ha otorgado.

Para entendernos: durante algunos años la Fraternidad San Pío X (FSSPX) comprendió la importancia del mensaje de Fátima, por eso lanzó varias cruzadas de Rosarios, con la finalidad especial de pedir la consagración de Rusia al Corazón Inmaculado de María. Era esta la forma de combatir al modernismo conciliar con todas sus malas enseñanzas. Como explica un editorial de *Le Sel de la terre* (Dominicos de Avrillé), respecto de la consagración de Rusia: "Un acto tal sería ya un primer paso en el retorno a la Tradición: el acto de consagración de Rusia es un acto que debe ser impuesto por el papa personalmente (contra la colegialidad), que afirma su autoridad sobre Rusia (contra el cisma ortodoxo), que valoriza la mediación de la Santa Virgen (contra el falso ecumenismo con los protestantes), al cual está ligado la conversión de un país en tanto que país (contra la libertad religiosa); la devoción reparadora de los cinco primeros sábados de mes recuerda que el pecado ofende a Dios y que debemos rezar y sacrificarnos para impedir que caigan las almas al infierno (contra la nueva teología)".

Un acto de tal envergadura y con todas sus implicancias, sólo puede ser cumplido milagrosamente y en circunstancias excepcionales, las cuales Dios puede suscitarlas de manera totalmente sorprendente para nosotros. Pero Él quiere nuestra cooperación y la manifestación de nuestro deseo de que tales cosas ocurran.

Como hemos podido señalar en varios otros artículos, el Santo Rosario ha obtenido resonantes victorias pues la

Santísima Virgen es poderosa "como un ejército ordenado para la batalla" y siendo la destructora de todas las herejías, luchará contra todo lo que ofenda a Dios, lo que deshonre a su Hijo, lo que atente contra su Reinado universal.

Pues bien, desde la penosa defección institucional de la exitosa FSSPX, quienes estamos en la llamada "Resistencia" hemos de comprender que nuestro papel tan pequeño y subordinado, sin embargo, tiene un alcance asombroso, en la medida en que recurramos a las armas sobrenaturales con que contamos y que siempre tienen su <u>eficacia poderosísima pues dependen de la voluntad salvífica de Dios</u>, a quien hemos de recurrir con absoluta confianza. Nos parece oportuno recordar ahora la hazaña del pueblo de Dios en el Antiguo Testamento, liderado por Josué, cuando luego de haber pasado milagrosamente el Jordán, tomó la ciudad de Jericó. La ciudad, que tenía un perímetro poco más grande que el Vaticano, era un baluarte inexpugnable, pues contaba con gruesas murallas dobles y bien protegidas. Los israelitas además no tenían armas. ¿Cómo iban a tomarla? Humanamente hablando, era absolutamente imposible. Pues bien, lo lograron. Ese asombroso triunfo fue obra de la fe, donde Dios manifestó que nada es más fuerte que su Verdad. Dios le dio órdenes a Josué de que hiciese dar vueltas a la ciudad con el Arca de la Alianza, durante seis días, a todos los hombres y siete sacerdotes con siete trompetas. Al séptimo día darían vuelta a la ciudad siete veces, los sacerdotes tocarían las trompetas y el pueblo gritaría, entonces se derrumbarían las murallas. Así sucedió. Hay un alto sentido simbólico en todo ello: el Arca es imagen de María, Arca que ha contenido al Santísimo Redentor; el total de vueltas a las murallas resulta en trece, número simbólico del combate entre la Mujer y el Dragón que Dios nos ha mostrado en Fátima –pero no sólo allí. El sonido de las trompetas es la predicación de la Palabra de Dios. En síntesis: el pueblo fiel de Dios, creyendo a la Palabra de Dios, siguiendo a María, logró el milagro de la victoria, cuando todo la hacía imposible. Esto se repetiría en una nueva circunstancia histórica.

El 1º de noviembre de 1628, la ciudad francesa de Rochelle, sostenida por Inglaterra, amenazaba extender el protestantismo a toda Francia. Por orden del rey Luis XIII, el Rosario fue rezado solemnemente en el convento dominico de Faubourg Saint-Honoré en Paris, en presencia de toda la corte. El rey asimismo demandó a un célebre predicador dominico, predicar una misión a las fuerzas armadas. Se distribuyeron 15.000 rosarios entre las tropas, las cuales cada noche llevaron en triunfo una estatua de la Virgen alrededor de la ciudad, portando antorchas, mientras rezaban el rosario (cual si fuese un nuevo Josué con el Arca de la Alianza, alrededor de los muros de Jericó). La ciudad fue finalmente tomada, entrando los dominicos en primer lugar. En acción de gracias el rey hizo construir la famosa iglesia de Nuestra Señora de las Victorias en Paris. Fue una absoluta victoria del Santo Rosario.

Rusia debe convertirse, pero el enemigo de hoy no es Rusia, sino la Iglesia conciliar, porque es quien impide esta consagración, porque es quien coadyuva a la construcción exitosa del Nuevo Orden Mundial anticristiano que persigue a los católicos, porque es quien atenta contra el Reinado de Cristo, es quien desobedece los pedidos de la Virgen en sus apariciones de Fátima, es quien apoya a los gobernantes que imponen la contranatura y la tiranía sanitaria covídica. No podemos quedarnos sin reaccionar, cuando el enemigo no deja de avanzar sobre los católicos, siendo que nosotros contamos con la ayuda del Cielo, con Dios todopoderoso y la Inmaculada que ha demostrado ser el terror de los demonios. El enemigo avanza porque nosotros no reaccionamos. Pero ¡ya es hora!

De nada sirven los entibiados lamentos de los miembros de las congregaciones afectadas por el *Traditionis custodes*, de nada el llanto que confesó haber derramado el obispo conciliar que reside dentro de la FSSPX en Suiza, de nada la jactancia enarbolada por los jerarcas de esta última congregación porque se sienten "a salvo", de nada seguir mirando la ofensiva de los anticristos romanos, sin lanzar nuestro contraataque. ¡Hay que responderles! ¡Hay que hacerles frente!

Hay que pedir a Dios el derrumbe de las murallas de la nueva Jericó. No somos poderosos ni somos numerosos. En realidad, no podemos nada. Pero Dios escoge lo débil del mundo para confundir a lo fuerte. Dios lo puede todo. El Arca está con nosotros. Marchemos detrás de ella, en actitud combativa. Contraataquemos. Pidamos la consagración de Rusia, recemos por la necesaria derrota de los modernistas que ocupan la Ciudad Santa, pongamos en acción el programa completo de Fátima, ese que los conciliares descartaron y que ahora los tradicionalistas han olvidado. ¡Levantemos nuestros Rosarios para pedir la caída de la Roma apóstata y el regreso de la Roma eterna! DELENDA EST NOVUS ORDO ECCLESIAE.

¡Viva el Sagrado Corazón de Jesús y el Inmaculado Corazón de María!

COMO EL IMPERIO ROMANO,
RUSIA SE CONVERTIRÁ

A medida que Rusia va cobrando cada vez mayor protagonismo en la escena geopolítica mundial, por su antagonismo a la imposición del utópico y homicida proyecto del "Gran Reseteo" o Nuevo Orden Mundial comandado por la alianza del Foro de Davos, los países de la OTAN y el Vaticano, que promueven un globalismo sodomita y abortivo que arrase con todo resto de la civilización cristiana y con toda idea de patria o estado-nación, a través de un enmascarado "capitalismo inclusivo" a la vez que de un "sanitarismo" forzado, todo lo cual no es otra cosa que el comunismo que las élites de la judeo-masonería aplican a las masas mediante la satánica ideología de género y la "cultura de la cancelación", mientras esa élite de "benefactores" y jerarcas anticristianos se mantienen al margen y a cubierto con todos sus privilegios que los convierte a sus propios ojos en "super-humanos" ("seréis como dioses"), va quedando más claro, decimos, en el tablero mundial, el papel que está llamado a jugar el país más grande del mundo, en los tiempos que atravesamos y muy en lo inmediato. En estos momentos, la "Operación Covid" se está utilizando para desestabilizar a todos los países del mundo, y Rusia no es la excepción. Se ha abierto una brecha en el hasta ahora monolítico Kremlin y los quintacolumnistas trabajan sin descanso para debilitar lo que hasta ahora venía siendo el mayor mérito de Vladimir Putin, la consolidación de la unidad del país debajo de un ideal patriótico, forjado en mil años de historia, a partir de su identidad cristiana. En esa coyuntura, ¿el papel de Rusia como contradictor del Occidente apóstata sería una apuesta al derechismo "perenialista" que quisiera volver a una "edad dorada" de la humanidad? En absoluto. Desde luego, Rusia es un país que ofrece sus problemas y que *necesariamente debe convertirse al catolicismo*, si quiere sobrevivir a la gran amenaza que se cierne sobre ella, pero en la actualidad sigue manteniendo su propia "agenda" y no está dispuesta a dejarse avasallar, como ya sí han decidido los países occidentales bajo la órbita norteamericana.

Pero para intentar ubicarnos en el punto de mira correcto, más allá de los propios protagonistas, deberemos –nos parece inevitable- volver a Fátima, aunque la mayoría de los católicos sigue ignorando este tema y enviando mensajes desesperados a los muy maltratados católicos del mundo. Los más lúcidos expositores ignoran o descartan este tema, no sólo por una falta de visión teológica, sino también por una ignorancia de los hechos que invitan a sostener una esperanza cierta, a pesar de la oscuridad del panorama.

Si no volvemos a Fátima, mal comprenderemos lo que está pasando ahora. Aún más, lo que ha pasado en Rusia desde la caída del comunismo, o desde que empezó a caer, antes aún del derrumbe del Muro de Berlín.

En principio recordemos las palabras de la Santísima Virgen en Fátima, el viernes 13 de julio de 1917:

"Visteis el infierno, a donde van las almas de los pobres pecadores; para salvarlas, Dios quiere establecer en el mundo la devoción a mi Inmaculado Corazón. Si hacen lo que yo os diga, se salvarán muchas almas y tendrán paz. La guerra va a acabar. Pero, si no dejan de ofender a Dios, en el reinado de Pío XI comenzará otra peor. Cuando veáis una noche iluminada por una luz desconocida, sabed que es la gran señal que Dios os da de que va

69

a castigar al mundo de sus crímenes, por medio de la guerra, del hambre y de persecuciones a la Iglesia y al Santo Padre.

Para impedirla **vendré a pedir la consagración de Rusia a mi Inmaculado Corazón y la comunión reparadora en los primeros sábados. Si atienden mis peticiones, Rusia se convertirá y tendrán paz; si no, esparcirá sus errores por el mundo, promoviendo guerras y persecuciones a la Iglesia.** Los buenos serán martirizados, el Santo Padre tendrá mucho que sufrir, varias naciones serán aniquiladas. **Por fin Mi Inmaculado Corazón triunfará. El Santo Padre me consagrará a Rusia, que se convertirá, y será concedido al mundo algún tiempo de paz.** En Portugal se conservará siempre el dogma de la Fe."

La Hermana Lucía volvería muchas veces (lo decimos en otro artículo) sobre la consagración de Rusia, así en 1936:

"[El Santo Padre] la hará [la consagración de Rusia], pero será tarde. Sin embargo **el Corazón Inmaculado de María salvará a Rusia, ella le está confiada**"

(Carta de la Hna. Lucía al Padre GonÇalvès, 18 de mayo de 1936).

En mayo de 1952, en Tuy, España, cerca del límite con Portugal, donde Lucía era religiosa Dorotea, Nuestra Señora le dijo:

"Haz saber al Santo Padre que siempre espero la consagración de Rusia a Mi Inmaculado Corazón. **Sin esta Consagración, Rusia no se va a convertir ni el mundo tendrá paz**".

Pero vayamos al día cuando el Cielo pidió solemnemente la consagración de Rusia. En las notas biográficas de la Hna. Lucía, escritas en mayo de 1936, consta ese momento donde la Santísima Virgen realizó el pedido. Fue durante la gran teofanía trinitaria del 13 de junio de 1929. Así lo cuenta la Hna. Lucía:

"Había pedido y obtenido licencia de mis superioras y del confesor, para hacer la Hora Santa de once a medianoche, de los jueves a los viernes. Estando una noche sola, me arrodillé entre la balaustrada, en medio de la capilla, postrada, para rezar las oraciones del Ángel. Sintiéndome cansada, me incorporé y continué rezando con los brazos en cruz.

La única luz era la de la lámpara. De repente, se iluminó toda la capilla con una luz sobrenatural y sobre el altar apareció una Cruz de luz que llegaba hasta el techo. En una luz más clara se veía, en la parte superior de la Cruz, un rostro de un Hombre y Su Cuerpo hasta la cintura. Sobre su pecho había una paloma igualmente luminosa, y clavado en la Cruz, el cuerpo de otro hombre.

Un poco por debajo de la cintura, suspendido en el aire, se veía un Cáliz y una Hostia grande sobre la cual caían unas gotas de Sangre que corrían a lo largo del Rostro del Crucificado y de una herida en Su pecho. Escurriendo por la Hostia, esas gotas caían dentro del Cáliz. Bajo el brazo derecho de la Cruz estaba Nuestra Señora. (Era Nuestra Señora con Su Corazón Inmaculado en Su Mano) (...) Bajo el brazo izquierdo (de la Cruz), unas grandes letras, como si fueran de agua clara cristalina, que corrían hacia el altar, formaban estas palabras: 'Gracia y Misericordia'. Comprendí que me era mostrado el misterio de la Santísima Trinidad y recibí luces sobre este misterio que no me es permitido revelar".

La Santísima Virgen dice:

71

- *"Ha llegado el momento en que Dios pide al Santo Padre que haga, en unión con todos los Obispos del mundo, la consagración de Rusia a mi Corazón Inmaculado; prometiendo salvarla por este medio. Son tantas las almas que la justicia de Dios condena por los pecados cometidos contra Mí, que vengo a pedir reparación; sacrifícate por esta intención y reza".*

(Memorias de la Hermana Lucía. Compilación del P. L. Kondor, SVD. Introducción y notas del P. Dr. J.M. Alonso, CMF, Fátima, Portugal, Postulaçâo, 1978, pp. 140-145).

En nuestro libro "Fátima y Rusia" dedicamos un largo espacio a considerar por qué este pedido había sido realizado el año 1929. Vamos a dedicarnos ahora a prestar atención a la fecha en que se hizo: **13 de junio**.

La Iglesia venera ese día a San Antonio de Padua, el santo más significativo que ha dado Portugal. Pero más allá de este dato, la fecha, además de ser otro día trece, es coincidente con otro hecho capital para la Iglesia Católica y la humanidad. El **13 de junio de 313** se publicaba en Nicomedia el llamado "edicto de Milán", cuyo origen data de febrero-marzo de 313, cuando el encuentro de Constantino y Licinio en la ciudad de Milán. Los liberales, modernistas y detractores de la Iglesia son encarnizados enemigos de lo que ellos dicen habría comenzado entonces: la "Iglesia triunfalista", la "Iglesia constantiniana". Los más virulentos afirman que ahí nació la Iglesia "usurpadora" y aliada de los poderosos, la "Iglesia represora" que no sería la misma Iglesia que la del "dulce Nazareno". Todas ellas viles calumnias ya ampliamente respondidas, por cierto.

Tenemos que entender lo que significa lo ocurrido en 313, o en realidad a partir del 28 de octubre de 312 cuando

Constantino, tras haber tenido la visión del Lábaro (*"Por este signo vencerás"*) derrotó a Majencio y entró triunfante a Roma. "Salió pagano de las Galias, llegó cristiano delante de Roma", se ha dicho. El padre Rohrbacher lo sintetiza diciendo que con el edicto de Milán y la conversión de Constantino, *"se termina un combate de tres siglos entre la Iglesia de Cristo y la Roma idólatra. Durante tres siglos, Roma idólatra persigue a la Iglesia por sus emperadores y por sus ídolos, y durante tres siglos la Iglesia sufre y muere en sus mártires. Y, al fin de esos tres siglos, Roma idólatra ve morir a la vez a sus ídolos y a sus emperadores con toda su raza, mientras que la Iglesia, sobreviviéndolos a todos, ve otro signo que ostenta sobre su casco y sus estandartes, el signo hasta ahí ignominioso de Cristo, la cruz, que será a partir de ahí el glorioso estandarte de la humanidad regenerada".*

La Iglesia, hasta entonces perseguida, prohibida, criminalizada, oculta en las catacumbas, acusada de toda suerte de crímenes, martirizada con las torturas y ejecuciones más atroces, ahora no solo es reconocida, respetada y dejada en libertad de acción, sino que además sube al trono y vence al Imperio de manera milagrosa, sin resistencia armada ni acciones diplomáticas, sólo mediante el portentoso milagro presenciado por y operado en Constantino, quien es el hombre decisivo, el elegido por Dios. Siendo de pronto la Iglesia reivindicada por el Emperador, que emite leyes que le son favorables, recuperando así su libertad, sus derechos y sus propiedades confiscadas, da comienzo entonces lo que llegará a ser la Cristiandad: el poder espiritual estará sobre el poder de los emperadores, que favorecerán la obra evangelizadora de la única arca de salvación. A partir del estado de pacificación –que no de paz pues surgirán los herejes y perturbadores– la Iglesia empezará a construir lo que a lo largo de mil años será el esplendor de la Verdad puesto en obra. Luego de haber plantado los fuertes cimientos a través de la prueba de la persecución, la Iglesia ahora se dedicará a difundir por el mundo –en principio por la Europa paganizada- lo que Cristo ha enseñado. Será la civilización occidental que comienza de este modo, a partir de la conversión de Roma. Teología, Filosofía, Leyes, Artes, Ciencias, impulsados por las virtudes teologales y el espíritu de los Evangelios, alcanzarán su cumbre, simbolizados en la Suma Teológica y las catedrales góticas. Fue la añadidura que advino, de tanto buscar "el Reino de Dios y su justicia".

Como explica el padre Jean-Baptiste Aubry, a partir del edicto de Milán, Constantino: 1°) reconocía oficialmente el reino de Jesucristo sobre el mundo, y la conquista de la sociedad por la Iglesia. Es la vida pública de la Iglesia y su derecho a la ciudadanía reconocida en el Imperio, al mismo tiempo que la abolición oficial y motivada de la idolatría, como lo explican las palabras de Constantino proclamando el edicto de paz en la Basilica Ulpiana; 2°), por el mismo edicto, Constantino abole igualmente la ley constitutiva del Imperio que sometía la religión al poder civil, haciéndola una parte de ese poder y, prohibiendo toda religión no aprobada por el Estado, hacía de la profesión de fe cristiana un crimen de lesa majestad" (*Cours d'Histoire ecclésiastique et théologie de l'histoire de l'Église* (*OEuvres complètes de Jean-Baptiste Aubry*, t. VII), Paris, Desclée de Brouwer et V. Retaux, 1899, p. 235-247. Le sel de la terre n°85, pág. 53).

"Más aún, -dice el mismo autor- si el poder de la Iglesia data sobre todo de legislaciones cristianas de la segunda época, hay que agregar acá que al salir de las Catacumbas, por la proclamación del edicto de Milán, la Iglesia no solamente devenía libre de vivir, sino aun ella tomaba, entre los hombres, su verdadero lugar, es decir el trono. Constantino declaraba no solamente que ella podía vivir y mostrarse públicamente, sino que ella había vencido, que ella debía reinar por encima mismo de los reyes, y que el poder civil le debía su respetuosa protección" (Ibidem)

Dios es el supremo maestro de la historia y todos los jugadores juegan el papel que Él les ha misteriosamente asignado, para que cooperen a su Obra. Frecuentemente la Providencia ha utilizado a los paganos, ya sea para castigar a su pueblo elegido por su prevaricación, ya para ayudarlo a volver al sitial de honor en que lo había colocado. Un solo ejemplo de esto último lo tenemos en Ciro, ayudando al pueblo judío a retornar del cautiverio en Babilonia, y a reconstruir el Templo de Jerusalén. El de Constantino es otro signo de Dios muy significativo, que estaba más allá de todo "cálculo humano", siempre pequeño y mezquino, siempre husmeando con mirada puramente humana y poniéndole límites a la Libertad de Dios. Pues bien, a lo que queremos ir es a que en Fátima la Virgen nos ha entregado una misión y nos ha regalado una profecía. El cumplimiento de la misma sigue demorado, debido a nuestras prevaricaciones. Ese mensaje y esa profecía involucran a una nación, Rusia, que como el antiguo Imperio romano, que pasó de perseguir a los cristianos a volverse él mismo un imperio cristiano, del mismo modo Rusia está atravesando el proceso de pasar de perseguir ferozmente a los cristianos (ya abandonó el comunismo), a volverse o volver a tomar sus raíces cristianas (cismática) y, por fin, católica y protectora de la Iglesia (tras su consagración al Corazón Inmaculado). Así como hemos visto que la supervivencia de la Iglesia a lo largo de la historia está vinculada al poder temporal o político, el cual o es cristiano o compite con la Iglesia y se vuelve su enemigo mortal, así pues cuando la Iglesia con el Vaticano II sucumbió a la seducción del mundo y dejó de ser perseguida para ser "amiga" y "compañera" del mundo, entonces firmó su sentencia de muerte. Pero como la Iglesia no puede ser vencida y extinguida, debe nuevamente –a no ser que sean ya los tiempos finales y sea inminente la aparición del Anticristo, cosa que por diversas razones que explicamos en otro lugar no creemos- surgir en su rescate el poder político, del cual al fin y al cabo no podría obtenerse su accionar en favor de la Iglesia si no fuese por la Misericordia de Dios para con sus hijos. Y aquí entra a jugar su papel relevante la fe de los fieles, el sacrificio y la oración. Este es el papel llamado a jugar por nosotros, y por descuidar o desdeñar ese papel, es porque se prolonga el castigo en la Iglesia y el mundo.

Con esto no decimos que vaya a retornar una edad dorada o "nueva cristiandad", porque eso no es lo que la Virgen prometió, ni cabe en los tiempos dispuestos por Dios, pero sí un tiempo de paz, y sabemos lo que eso significa: paz hacia la Iglesia, que particularmente en los tiempos modernos, a partir de lo que se considera el inicio de la "Edad de Sardes", esto es la reforma protestante, ha sido constante y crecientemente combatida. Especialmente desde dentro mismo. Pero hablar de esto nos llevaría a considerar el Apocalipsis, y el final de la quinta edad de la Iglesia al cual estaríamos arribando, esto es Sardes, pero no es el tema de este artículo.

Para continuar con el vínculo entre dos fechas tan significativas, el 13 de junio de 313 y el 13 de junio de 1929, Rusia podría –nótese el conjetural, no somos profetas- estar llamada a jugar el papel de la nueva Roma y Putin el del nuevo Constantino que intervengan en el momento humanamente más desesperado para los verdaderos cristianos, cuando la Iglesia Católica atraviese la más grave situación de crisis en toda su historia, en el cual ya ha entrado en la recta final desde los años del concilio Vaticano

II. Que decir esto no es aventurado, basta con considerar las palabras de la Virgen de Fátima: *"...el Corazón Inmaculado de María salvará a Rusia, ella le está confiada"* y *"El Santo Padre me consagrará Rusia que se convertirá y será concedido al mundo un cierto tiempo de paz"*. ¿Qué significa una Rusia consagrada y convertida? Significa una Rusia católica y especialmente dedicada a honrar el Corazón Inmaculado. Y eso cuando el Occidente alguna vez católico se ocupa exactamente de lo contrario.

El lector puede sumar a esto algunos datos sumamente interesantes, mientras considera las palabras de María:

-El **13 de mayo** de 1984, en Severomorsk, norte de Rusia, fueron destruidos dos tercios de los armamentos de la flota soviética, a raíz de un incendio en el depósito de municiones que comenzó esa fecha y se extendió hasta el 17 de mayo. Un periódico extranjero afirmó que fue el mayor desastre naval de Rusia desde la Segunda guerra mundial. La catástrofe comenzó la fecha de la primera aparición de Fátima y culminó en el aniversario de la canonización de Santa Teresita de Lisieux, que es oficialmente la protectora de Rusia. El hecho sucedió un mes y medio después de la consagración a la Virgen–sin mención directa de Rusia- que había hecho Juan Pablo II, el 25 de marzo en la Plaza San Pedro. Es probable que eso haya ayudado a acelerar la crisis que atravesaba la URSS, y que la llevó menos de diez años después a su caída.

-El Muro de Berlín, que había sido erigido un día **13 de agosto** de 1961, cayó el **9 de noviembre** de 1989, fecha del <u>aniversario de la primera dedicación pública conocida de una iglesia católica</u>, la Archibasílica del Salvador, hoy conocida como San Juan de Letrán en 324, bajo Constantino. Es decir, el muro se hizo en la fecha en que los enemigos de la Iglesia evitaron que los niños fueran a la cita con la Virgen en Fátima, y cayó el aniversario de cuando el Papado tuvo su primera Iglesia sede. La fecha en que se consagró públicamente la Iglesia madre –hoy lo sigue siendo- del Catolicismo, cayó el mayor símbolo mundial del Comunismo.

-El **13 de abril** de 1991, un mes antes de la fecha aniversario de la primera aparición de Fátima, la Iglesia católica volvió a tener presencia en Rusia. Ese día Monseñor Tadeusz Kondrusiewicz fue entronizado arzobispo de Moscú en la Iglesia de San Luis de Francia. Unas semanas más tarde, fue el turno de Monseñor Joseph Werth, que fue recibido con gran pompa en Novosibirsk.

-La Unión de Repúblicas Socialistas Soviéticas, el mayor imperio del mal que haya jamás existido, fue disuelta el **8 de diciembre** de 1991, esto es, el día en que la Iglesia católica festeja la Inmaculada Concepción (una fiesta que por cierto, los ortodoxos rusos no celebran).

-La Unión Soviética dejó de existir formalmente el **25 de diciembre** de 1991, fecha de la Natividad de Nuestro Señor Jesucristo. Ese día se arrió la bandera roja del Kremlin. Es decir, la fecha del nacimiento del Niño Dios fue la fecha de la muerte del hombre que se había hecho dios.

-El **13 de marzo** de 1999, cadetes de la guardia del Kremlin portaron el relicario de Santa Teresa del Niño Jesús, delante de un antiguo edificio de la KGB, en una visita itinerante de las reliquias de la santa protectora de Rusia y patrona de las misiones, que recorrió todo el país. Nueve meses después, el 31 de diciembre de 1999, asumía el gobierno Vladimir Putin, y Rusia comenzaba su recuperación. Actualmente unas reliquias de la santa permanecen en la catedral de Moscú.

-Finalmente, Vladimir Putin, bautizado según el rito cristiano ortodoxo (con el nombre Miguel), nació el **7 de**

octubre de 1952, esto es, cuando la Iglesia católica celebra la <u>fiesta de Nuestra Señora del Rosario</u>. Recordemos que la Virgen en Fátima se presentó de ese modo y pidió rezar el rosario en cada una de sus apariciones.

Podemos añadir que en el pasado, han sido dos hombres llamados Vladimir quienes han configurado a Rusia, para el bien y para el mal: el príncipe Vladimir fue quien a partir de su bautismo en 988 cristianizó a toda Rusia. Y fue Vladimir Lenin, quien implantó lo contrario del cristianismo, el comunismo, en 1917. ¿Será acaso el actual y tercer Vladimir, Putin, quien conduzca a Rusia hacia el camino que el Cielo le ha señalado?

Y bien, ¿son estas fechas anteriores "casualidades"? ¿Acaso las consagraciones parciales o incompletas que realizaron los papas, no pudieron haber obtenido sus efectos? Afirmamos que sí, y damos un ejemplo: *"El 24 de octubre de 1940 Sor Lucía fue ordenada por uno de sus directores espirituales, el Obispo de Gurza, a escribir al Papa y pedir la consagración del mundo con "mención especial" de Rusia. La medida del obispo era una tentativa de conseguir que el Papa hiciese algo por lo menos en forma de una consagración, porque durante los once años anteriores Pio XI y Pio XII habían hecho caso omiso repetidas veces a las peticiones de consagrar Rusia. La correspondencia de Sor Lucía revela que ella se perturbaba por esta instrucción, porque sabía que Nuestra Señora había pedido sólo la consagración de Rusia, no del mundo. Sin embargo, porque estaba bajo santa obediencia, Sor Lucía tuvo recurso al Señor en oración delante del Santísimo Sacramento expuesto, para preguntarle sobre lo que debería hacer. Nuestro Señor le respondió que, si el Papa hiciese lo que el Obispo de Gurza le había pedido, recompensaría este acto abreviando los días de la II Guerra Mundial, pero que no llevaría a cabo la paz mundial, como hubiese logrado la consagración explícita de Rusia por el Papa junto con todos los obispos.* Por eso el 2 de diciembre de 1940, Sor Lucía escribió al Papa pidiendo la consagración del mundo con mención especial de Rusia". (John de Marchi, La verdadera historia de Fátima, The Fatima Center).

El 13 de mayo de 2017, el cardenal Paul Cordes, en el Congreso Mariano de Kazakhstan, declaró que Juan Pablo II el 25 de marzo de 1984 *«se abstuvo de mencionar explícitamente a Rusia, porque los diplomáticos del Vaticano le pidieron insistentemente que no mencionara dicho país, porque podrían surgir eventualmente otros conflictos políticos (...) Poco después fui invitado por él a almorzar. Le confió a nuestro pequeño círculo el deseo que él tuvo de mencionar asimismo a Rusia en dicha consagración, pero que él cedió luego a sus consejeros»* (http://viens-seigneur-jesus.forumactif.com/t27261-le-cardinal-cordes-demolit-la-ligne-de-parti-sur-laconsecration-de-la-russie).

También es cierto que hubo una conspiración de la élite mundialista para desmantelar y autodemoler el ya de por sí gastado y obsoleto sistema soviético, para instalar en Rusia una democracia liberal según el modelo norteamericano, de manera tal que acelerase la unificación global para alcanzar al fin el largamente deseado por las élites mundialistas "Nuevo Orden Mundial" (ya proclamado públicamente por el presidente de Estados Unidos George Bush en un discurso el 11 de septiembre de 1990). Pero es cierto también que Dios es el Señor de la historia, y permite al poder del enemigo desarrollarse y conspirar para al final utilizar Él para sus propósitos el mal que el diablo suscita. Eso es lo que está ocurriendo también hoy mismo, sin que podamos ver el revés de la trama. Dios sigue teniendo el control final de la historia.

Si en 1919 todo parecía a pedir de la judeo-masonería para alcanzar al fin el proyectado gobierno mundial, pero finalmente el proyecto fracasó, así también setenta años después, en 1989, todo parecía acabado y un mundo según el liberal y masónico modelo norteamericano parecía poder lograrse, para al fin poner en escena un comunismo reciclado y aggiornado, en una moderna fusión de Lenin y Disney, aborto y Coca-Cola, con el gobierno mundial de los banqueros y tecnócratas controlándolo todo. Caído el régimen soviético los oligarcas judíos se dedicaron a depredar alevosamente los recursos de Rusia y hasta hubo aprestos para hacer ingresar a Rusia en la OTAN (como lo hicieron los otros países del este europeo). Pero entonces surgió inesperadamente, culminando el milenio, un líder que no estaba de acuerdo con ese plan. Si en su momento Stalin significó un dolor de cabeza para los amos del mundo, lo que los llevó a, fracasadas las tentativas de eliminarlo internamente, promover la figura de Hitler para oponérsele, ahora surgía otro líder, esta vez más difícil de asir ya que no se trataba de un tirano comunista, por lo cual nuevamente el plan de alcanzar un gobierno mundial, se retrasaba. De manera tal que podemos ver que Rusia está jugando un rol central al apostar a su propia agenda de gobierno, en retrasar la concreción de un gobierno mundial, y por lo tanto también, la aparición del Anticristo.

Siendo esto así, la promesa de Nuestra Señora, y la necesidad de la devoción a su Corazón Inmaculado, van quedando cada vez más evidentes. Fue muy clara la Hermana Lucía cuando dijo:

"Yo me alegro del progreso que la devoción al Corazón Inmaculado de María está teniendo en todas partes. Ella será la que, en los tiempos actuales, nos salvará. Sería necesario intensificar mucho la oración y el sacrificio por la conversión de Rusia. Aunque la consagración de esta nación no haya sido hecha en los términos pedidos por Nuestra Señora, veremos si obtenemos su retorno a Dios. Tengo grandes esperanzas, porque Dios conoce bien las dificultades."

(Carta al Padre Aparicio, 2 de marzo de 1945)

La victoria aliada en la Segunda Guerra Mundial trajo como consecuencia el Vaticano II, que se ocupó de desactivar el peligro que significaba el Corazón Inmaculado, y también la conversión de Rusia. Vino la "guerra fría" contra los tradicionalistas en la Iglesia, que supieron mantener viva esta devoción. Pero la misma ha persistido, y toca a nosotros hacerla crecer. Como ha afirmado la Hermana Lucía, "Dios conoce bien las dificultades", por eso ha ayudado obteniéndonos diversas gracias a través de las consagraciones parciales de los papas, como ya lo hemos visto. Lo cual nos anima a persistir en este camino, porque para Dios no hay imposibles.

¡Viva el Sagrado Corazón de Jesús y el Corazón Inmaculado de María!

PORTUGAL, RUSIA Y LOS JESUITAS

La historia, maestra de la vida, está plena de enseñanzas para nuestros días. Cuando se piensa en todas las formas que ha utilizado Dios para salvarnos, para instruirnos, para guiarnos y para advertirnos de los enemigos de la Iglesia y de nuestras almas, en definitiva, para mostrarnos su amor, y en correspondencia de ello se observa nuestra ingratitud, nuestra inconstancia, nuestra indiferencia o nuestra traición a sus gracias, mandatos, pedidos y cuidados, no hay dudas de que estamos viviendo un gran castigo que, cada día más, se aproxima a su máxima expresión, a unas dimensiones inimaginables, teniendo en cuenta los medios y la mentalidad diabólicos que poseen nuestros enemigos, los "reseteadores" que quieren arrasar con absolutamente todo vestigio del orden cristiano y del orden natural. ¿No son acaso el pecado y el crimen hoy la "nueva normalidad"?

Lo anterior puede verificarse muy bien en la historia de lo que ha ocurrido luego de las apariciones del Sagrado Corazón de Jesús. Todo Jesús está representado en su Corazón, toda su Misericordia, todo su Amor paternal por nosotros; es el sol que asomó en 1673 para venir a re-enfervorizar a Francia y el mundo, en tiempos de orgullo racionalista, de soberbia jansenista y de neo-paganismo ilustrado. 1689 fue el año en que Nuestro Señor pediría directamente se le consagrase el Rey de Francia con todo su reino. Se trataba de una Francia que hacía muchos años venía incumpliendo sus deberes cristianos y se estaba desviando cada vez más de la fe católica. Jesucristo sabía por supuesto lo que se estaba preparando –las grandes conspiraciones del mundo moderno- y Él mismo quería ser la respuesta, pero si y sólo si sus súbditos lo aceptaban libremente como su Rey. Pero, ¡ay!, Él fue tristemente rechazado. ¿Puede imaginarse algo más trágico que la criatura que rechaza a su Creador? ¿Recordamos lo ocurrido con el pueblo judío, cuando rechazó a su Salvador en su Pasión y Crucifixión?

Poco tiempo después, impotentes los cristianos, el diablo respondería: en 1717, se fundaba oficialmente la Masonería en Londres, que iba a infiltrarse no sólo en las monarquías cristianas sino hasta en la misma Santa Sede. En 1759, Portugal fue el primer país que suspendió, persiguió y desterró a la Orden de los Jesuitas. En 1762 sería el turno de Francia de disolver a la Compañía de Jesús. En 1767, la España borbónica y afrancesada la expulsó de todos sus Reinos, incluida nuestra América. Finalmente el 21 de julio de 1773, llegaba la tremenda venganza del diablo contra los jesuitas, que tanto habían hecho por la propagación del Sagrado Corazón: **cien años después de la primera aparición del Sagrado Corazón en Paray-le-Monial**, el papa Clemente XIV, instigado y doblegado por liberales y masones, suprimía en el mundo entero a los jesuitas (1). En 1776 llegaría la masonería a fundar los Estados Unidos. Y pocos años después, el estallido final: la Revolución francesa de 1789, **cien años después del pedido de Nuestro Señor.**

Ahora bien, debe entenderse lo siguiente. Entre las varias características sobresalientes de la Orden fundada por San Ignacio de Loyola, queremos destacar dos muy importantes, por las cuales los jesuitas fueron ferozmente perseguidos y expulsados: 1) ellos defendían la doctrina rigurosa de la Supremacía de la Santa Sede, cosa que no se había visto desde los tiempos de Bonifacio VIII; 2) Jesucristo había encomendado principalmente a los jesuitas ser apóstoles de su Sagrado Corazón. Estaba claro que eran un gran estorbo para los enemigos de la Iglesia, pues de seguir su labor, la doctrina del Reinado de Cristo, a través de la Iglesia, seguiría cobrando fuerza y todos los enemigos serían vencidos. La doctrina del Corazón de Jesús fue dada como una comunicación tan copiosa e inusitada de gracias que mereció ser llamada "una segunda Redención". Es por eso que tenía tanta eficacia y poder de conversión, hay que recordar las promesas de Nuestro Señor a quienes se le consagrasen. Sta. Margarita María dijo: *"Y a medida que ellos (los religiosos de la Compañía) le procuraren tal placer, este divino Corazón, fuente de bendiciones y de gracias, las derramará tan abundantemente sobre las funciones de sus ministerios, que éstos producirán resultados que sobrepujen sus trabajos y sus esperanzas; y lo mismo en lo tocante a la salud y perfección de cada uno de ellos en particular."* Así fue, y tan extraordinarios frutos de santidad dio esta devoción que pronto el diablo mostró los dientes. Decía Sta. Margarita María: *"(El enemigo)...revienta de despecho por no haber podido estorbar esta amable devoción".* Cuando el Padre Croiset escribió, concertado con la santa visitandina, el primer y gran libro sobre el Sagrado Corazón, su éxito fue inmediato, pero el enemigo metió la cola y luego de trece años de difusión, logró que fuese incluido –sin contener errores- en el Index por el Santo Oficio, para no reaparecer sino doscientos años más tarde (algo parecido sucedió con el *Tratado de la verdadera devoción a la Santísima Virgen*, en aquellos mismos tiempos, que permaneció escondido más de cien años y sólo fue dado a conocer en 1843).

¿Y dónde entra Rusia en esta historia? Portugal y Rusia, lo sabemos, están vinculados –cada país en los dos extremos Oeste-Este de Europa– por las apariciones de Fátima. La Virgen apareció en un Portugal que había sido el refugio mayoritario de los cripto-judíos que salieron de España y luego vinieron para América, país que en el siglo XX era víctima de constantes trastornos por lo cual era conocido como el país de las revoluciones. Mientras que en Rusia se dio la Revolución comunista, de donde se esparció a todo el mundo (*todo* no es acá una hipérbole). Pero también estos dos países están vinculados por el Sagrado Corazón, puesto que, como vimos, Portugal fue el primer sitio de donde fueron expulsados los grandes propagadores de esta divina devoción. Pero sin embargo, a pesar de la cancelación (palabra hoy de actualidad) de los jesuitas en todo el mundo, hubo un país de donde no fueron expulsados, sino que, por el contrario, en el cual fueron protegidos: Rusia.

En efecto, allí asentados por sus grandes dotes educativas, particularmente en la Rusia blanca (lo que hoy es Bielorrusia), la zarina Catalina II los protegió aún de la misma Roma influida por liberales (casualmente Catalina había nacido un 21 de abril, aniversario de la fundación de Roma). Pío VI, sucesor de Clemente XIV (que murió arrepentido de haber disuelto a los jesuitas), se mostraría pronto favorable y el 13 de enero de 1776 hizo que aquellos jesuitas de Rusia fuesen aprobados y animados por un Cardenal y permitió que se les uniesen los jesuitas que había dispersos en Polonia, llegando su formal aprobación en 1783. Este hecho providencial posibilitó que más tarde la orden jesuítica resurgiera "de las cenizas".

En 1796, con la muerte de Catalina II, los jesuitas parecían perder su más importante apoyo. Sin embargo, Dios suscitó un nuevo zar, Pablo I que fue aún un mayor protector. El nuevo zar apoyaba los valores tradicionales y pretendía unirse con Roma para luchar contra las ideas de la Revolución francesa. De hecho le dijo al Padre Gruber, superior de los jesuitas en Rusia: "Yo soy católico de corazón. Trate de persuadir a los obispos". En 1811, elegido el nuevo papa Pío VII, el zar le escribió pidiéndole la aprobación formal de los jesuitas. Luego de examinado el asunto por algunos cardenales, que sugirieron su aprobación solamente para Rusia, el papa Pío VII, mediante el Breve *Catholicae fidei* emitido el 7 de marzo de 1801, restablecía la Compañía de Jesús, que había sido suprimida 28 años antes. Pocos días después, el 23 de marzo, Pablo I fue asesinado. Recordemos, de paso, que una de las medidas que tomó García Moreno para el restablecimiento del Ecuador católico fue hacer que volviesen los jesuitas que habían sido expulsados. La otra medida que tomó fue la consagración del país al Sagrado Corazón. García Moreno también murió asesinado.

Así es como la Compañía de Jesús, barrida por los liberales y masones de los países católicos, tuvo su residencia oficial en Rusia. Allí moraba su Superior general y allí le escribieron los jesuitas de Inglaterra y Estados Unidos para pedirle su reconocimiento y ponerse a sus órdenes. Pablo I fue sucedido por su hijo Alejandro I, quien había crecido en un ambiente impregnado de ideas iluministas y teosóficas, con la masonería siempre acechante. Una alarma se encendió cuando el príncipe Golitzin, hijo del ministro de cultos del Imperio, se convirtió al catolicismo. Masones, protestantes y gnósticos que pululaban alrededor del autócrata zar, iniciaron su campaña contra los jesuitas. Finalmente lograron hacerle firmar al zar, el 13 de marzo de 1820, el decreto de expulsión de los jesuitas de Rusia. Según una visión que tuvo la Beata Ana María Taigi (1769-1837), quien tenía milagroso conocimiento de los principales sucesos de Europa, el zar Alejandro I había enviado a Roma al Gral. Michaud para tratar con el papa

León XII acerca de su conversión y de la vuelta de Rusia al catolicismo, y antes de morir habría abjurado secretamente del cisma y se habría convertido al catolicismo. Lamentablemente, allí se acabó toda posibilidad de conversión de Rusia.

La Compañía de Jesús sería restablecida en todo el mundo mediante una Bula papal el 7 de agosto de 1814. Pese a las calumnias y demonización sufrida por esta Orden, ya vimos particularmente por qué, desde sus inicios -y no por aquello execrable en que se ha convertido en el siglo XX, sobre todo desde el Concilio, llegando a brotar de allí el actual ocupante de la sede petrina Francisco-, vendrían luego otros propagadores del Sagrado Corazón y de la doctrina católica de siempre, de entre los jesuitas, continuadores de los Padres Claudio de la Colombière, Bernardo de Hoyos, Jean Croiset, Agustín de Cardaveraz, etc.

Por esas ironías de la historia, fue en un país no católico —e incluso competidor de la hegemonía con Roma— donde fueron amparados los sostenedores de la Romanidad, cuando el liberalismo masónico ocupaba las cortes y sedes religiosas del Occidente. Lección que una vez más nos invita a no cuestionar los caminos inescrutables de la Providencia, en vistas a cumplir su plan de salvación. Más bien debemos secundarlos, esperando siempre, pero cumpliendo lo pedido. En este caso, Rusia no ha terminado su papel histórico, a favor de la Iglesia católica. Por eso debemos rezar por su consagración al Inmaculado Corazón de María.

¡Viva el Sagrado Corazón de Jesús y el Corazón Inmaculado de María!

(1)En lo que podríamos considerar un acto abusivo y terriblemente perjudicial para la Iglesia, con el agravante de que, como sucedió en el Concilio Vaticano II, casi todo el clero se plegó mansamente al acto de sumisión a los poderes de este mundo, con la gloriosa excepción de un prelado, el Arzobispo de París Christophe de Beaumount, quien entre otras cosas, y a la manera de un Monseñor Lefebvre, respondió al Papa Clemente XIV de la siguiente manera: "El Breve que destruye la Compañía de Jesús no es más que un juicio aislado, privado y pernicioso, que no honra la tiara y es perjudicial para la gloria de la Iglesia y el crecimiento y conservación de la fe ortodoxa. En todo caso, Santo Padre, me es imposible pedir al clero que acepte el Breve, porque en primer lugar, no sería escuchado si tuviera la mala suerte de prestar mi ministerio a su aceptación. Además, deshonraría mi cargo si lo hiciera... Encargarme de la tarea que desea que realice sería infligir un grave daño a la religión, así como arrojar una calumnia sobre el saber y la integridad de los prelados que expusieron ante el Rey su aprobación de los mismos puntos que ahora se condenan por este Breve. Porque ¿cuál es la paz que es incompatible con esta Sociedad? La pregunta es sorprendente en la reflexión que evoca; porque no comprendemos cómo tal motivo tuvo el poder de inducir a Vuestra Santidad a adoptar una medida tan arriesgada, tan peligrosa y tan perjudicial... (..) En una palabra, Santísimo Padre, el clero de Francia, que es el más erudito y el más ilustre de la Santa Iglesia, y que no tiene otro fin que el de promover la gloria de la Iglesia, juzga ahora, después de una profunda reflexión, que la recepción de este Breve de Su Santidad ensombrecerá la gloria de la Iglesia de Francia, y no se propone consentir en una medida que, en los siglos venideros, empañará su gloria. Al rechazar este Breve y al resistirlo activamente, nuestro clero transmitirá a la posteridad un espléndido ejemplo de integridad y de celo por la fe católica, por la prosperidad de la Iglesia y particularmente por el honor de su Cabeza visible". El clero de la nación donde había hecho su aparición el Sagrado Corazón guardaba su honor, como lo haría otro prelado francés en tiempos en que el modernismo arrasaba la Iglesia con el Vaticano II.

PERO, ¿DÓNDE ESTÁN LOS ROSARIOS?

"El Señor te ha bendecido, dándote su poder; pues por medio de ti ha aniquilado a nuestros enemigos."

Judith XIII, 22

El texto de la Escritura referido a Judith, vencedora de Holofernes, jefe del ejército asirio, es aplicado por la Iglesia a la Sma. Virgen María, en la fiesta de sus siete dolores. A continuación del texto citado, Ocías, príncipe del pueblo de Israel, le dice: *"Bendita eres del Señor, Dios Altísimo, oh hija, sobre todas las mujeres de la tierra. Bendito sea el Señor, creador del cielo y de la tierra, que ha dirigido tu mano para cortar la cabeza del caudillo de nuestros enemigos"* (Jud. XIII, 23-24). Nuevamente, tenemos la figura de Nuestra Señora, a quien los cristianos siempre han recurrido...en tiempos de la Cristiandad. Pero, como podemos observar en la fotografía, la otrora Francia católica, *fille aînée de l'Église*, ahora pretende ser liberada por el simple concurso de una mayoría o una multitud de personas, que reclaman una liberación de no se sabe qué ni cómo. Pero no carguemos las tintas en una multitud laicizada por una república francesa masónica que ha educado sus mentes cuidadosamente desde hace más de un siglo para ello, es decir, para extirparles el sentido religioso, la fe católica y hasta toda sospecha de un orden sobrenatural. El gran problema una vez más ha sido el Concilio Vaticano II más los errores en materia política de los papas anteriores al concilio −sacando a San Pío X-, donde una secuencia de errores garrafales −sin duda incitados por los quintacolumnistas de las logias- llevaron a

91

desmantelar o debilitar mediante "vacunas laicistas y republicanas" a la hasta entonces fuerte y católica Francia, luchadora de los derechos de Cristo Rey. Es claro también que las secuelas de la revolución, que había inoculado su veneno en los seminarios, había creado el caldo de cultivo de todo lo que haría eclosión en el siglo XX. De modo tal que hoy, en que más urgente y desesperado se hace el recurso a la milagrosa intervención del Cielo, por intercesión de la Santísima Virgen, que tanto ha hecho por su querida Francia (probablemente sea el país donde mayores apariciones de la Virgen ha habido), es cuando menos advierten los franceses dónde se esconden su único y último recurso de sobrevivencia. Motivo de más para rezar por aquel país que tanto necesita la Iglesia para volver a combatir contra los enemigos de la Sinagoga de Satanás, que parecen haberse cebado tanto contra Francia como contra España, la otra tierra donde la Iglesia tuvo su baluarte, y hoy cae irreconocible, por manos de sus peores enemigos, vengativos sin piedad.

Creemos oportuno entonces recordar estas palabras del papa San Pío X:

"Los pecados no quedarán sin castigo, pero la hija de tantos méritos, de tantos suspiros y lágrimas, no morirá jamás. (...)

Llegará un día, y Nos esperamos que no esté muy lejano, en que Francia, como Saulo en el camino de Damasco, será envuelta por una luz celeste y escuchará una voz que le repetirá: *"Hija mía, ¿por qué me persigues?"* Y respondiendo: *"¿Quién eres, Señor?"* la voz replicará: *"Yo soy Jesús, a quien tú persigues. Dura cosa es para ti cocear contra el aguijón, porque en tu obstinación te arruinas a ti misma".* Y ella, temblorosa y atónita dirá: *"Señor, ¿qué quieres que haga?"* Y Él dirá: *"Levántate, lávate de tus manchas que te han desfigurado, despierta en tu seno los sentimientos adormecidos y el pacto de nuestra alianza, y ve, hija primogénita de la Iglesia, nación predestinada, vaso de elección, ve a llevar mi nombre, como en el pasado, a todos los pueblos y los reyes de la tierra"* (Alocución consistorial Vi ringazio, del 29 de noviembre de 1911).

Recemos por esto y sobre todo por la conversión de Rusia, que es la nueva tierra que parece ser llamada, como antes Francia o España, para cumplir un papel liminar en favor de la Santa Iglesia Católica Apostólica Romana, y quizás sea esa luz que haga abrir los ojos, en medio de las tinieblas de la persecución, a la tierra que vio nacer a tantos santos, la tierra del Sagrado Corazón.

¡Viva el Sagrado Corazón de Jesús y el Corazón Inmaculado de María!

"DESORIENTACIÓN DIABÓLICA"

"Padre, la Santísima Virgen está muy triste porque nadie ha prestado ninguna atención a Su Mensaje, ni los buenos ni los malos. Los buenos continúan su camino, pero sin dar ninguna importancia a Su Mensaje. Los malos, no viendo realmente caer el castigo de Dios sobre ellos, continúan su vida de pecado sin atender siquiera el Mensaje. Pero créame, Padre, Dios castigará al mundo y eso será de una manera terrible. El castigo del Cielo es inminente."

Hermana Lucía de Fátima, 26 de diciembre de 1957

La mencionada vidente de Fátima habló cierta vez de la "desorientación diabólica" que se esparcía por todas partes, particularmente dentro de la Iglesia (lo que el papa modernista Pablo VI llamaría más adelante "humo de Satanás"), obra del "padre de la mentira" que es sembrador de la confusión, el error, la ignorancia y la mentira, con lo cual pretende impedir que veamos claro el camino que debemos seguir ("Yo soy el camino, la verdad, la vida...Quien me sigue no anda en tinieblas" ha dicho Nuestro Señor). Con el Mensaje de Fátima ha pasado lo que la misma Hermana Lucía afirma en el acápite de esta nota: nadie le da importancia, y he allí una victoria de Satanás.

En la actual situación del mundo, parece aún más increíble que los católicos no busquen la solución donde deben, y estén dando "manotazos de ahogado", o simplemente se conformen con lo que consideran las propias y *sabias* conclusiones intelectuales. Estamos en un punto en que hay que saber orientarnos en el combate y para eso, no hay otra brújula o gps que nos pueda ayudar mejor que el mensaje de la Virgen en Fátima. Es lo que tratamos de difundir desde este humildísimo y apenas frecuentado rincón de la "blogósfera".

Es claro que se debe resistir la tiranía mundial, las vacunaciones forzadas y sus terribles consecuencias, pases sanitarios, etc. Pero lo es también que esta guerra es de una envergadura tal, que humanamente hablando ya se ha fracasado en lo sustancial, más allá de las victorias accidentales, pues detrás y por debajo hay una crisis espiritual y moral que ya no puede revertirse, simplemente porque "si la sal pierde su sabor, ¿con qué se la salará?", y la sal y la luz del mundo es la Iglesia, pero hoy y tras el Vaticano II, ha perdido su sabor y la luz apenas es visible, sólo resta un pequeño remanente fiel, en medio de una espantosa apostasía y confusión (el papa Francisco, hablando como el vicario del "Nuevo Orden Mundial" acaba de afirmar que "*Vacunarse contra el covid es una obligación moral*", a pesar de la abrumadora evidencia de los daños causados por muchas de esas vacunas). Entonces, es tiempo de recordar lo que la Virgen de Fátima pidió y prometió, porque de lo contrario por nuestra falta de fe y confianza, habremos merecido los terribles castigos que pueden aún caer sobre nosotros.

Apuntamos simplemente algunas señales de esta profunda desorientación, que hace falta revertir, o por lo menos de nuestra parte, mantenernos a un lado:

-El pasado 6 de enero, el valiente Arzobispo Viganò hizo una convocatoria a una Cruzada mundial del Rosario. Dice allí que *"Para librar una batalla espiritual hacen falta armas espirituales. Lo han entendido bien millares de católicos, hombres sobre todo, que en varios lugares del mundo han empezado a rezar públicamente el Rosario por la liberación de su patria. Tan loable y valerosa iniciativa es el comienzo de un contraataque cristiano y un resurgir de la Fe, además de un acto solemne de veneración a la Madre de Dios".* Concordamos con esto, y de hecho ya en nuestro blog hemos hablado de las *armas espirituales* y del *contraataque* necesario de los cristianos. Enhorabuena que un obispo lo diga. Y es indudable que el Santo Rosario es una de nuestras armas más poderosas – la última junto con la devoción al Corazón Inmaculado, como hizo saber la Sma. Virgen a los pastorcitos de Fátima-, y debe proclamarse insistentemente, aplaudimos toda iniciativa a recordárnoslo. El Rosario es nuestra gran arma de guerra en esta batalla. Si todos los católicos que hay en el mundo –es decir, todos los bautizados- rezaran el Rosario, no nos encontraríamos en esta situación de la Iglesia y el mundo. Pero Mons. Viganò habla del Rosario sin mencionar en absoluto Fátima. Ahora bien, si vinculamos el Rosario al Corazón Inmaculado de María, es claro que también debemos vincularlo a aquello que pidió solemnemente la Virgen en la aparición de la Sma. Trinidad del 13 de junio de 1929: debe pedirse la consagración de Rusia, pues <u>sólo así le será dado al mundo un tiempo de paz.</u> Entonces, lo que debe hacerse es convocar a los católicos a rezar el Rosario (entero de ser posible) por el triunfo del Corazón Inmaculado de María y la consagración de Rusia a este mismo Corazón, y no esporádicas cruzadas que dejan de lado lo esencial. <u>No debemos hacer lo que nuestra iniciativa nos sugiere, sino lo que la iniciativa del Cielo nos ha mandado hacer.</u>

-Otro signo de desorientación lo encontramos en algunos católicos otrora lúcidos (¡oh, los profesores e intelectuales!) que, habiendo dejado el mensaje de Fátima en el desván de los trastos viejos, porque sería una antigualla, algo anacrónico e inútil, se dedican a enseñar que ya estamos ante el Anticristo –o casi-, y, sin embargo, no son capaces de ver lo que tienen enfrente, y así se inoculan el experimento tóxico que llaman vacunas, y aceptan el relato oficial de la pandemia a pie juntillas, sin dedicar un minuto a investigar (¿para qué si *ya saben?*).

-También podemos ver la desorientación en una congregación religiosa de la Tradición que alguna vez, cuando era enteramente fiel a su fundador ("excomulgado" por los masones y modernistas romanos, algo que para él era un timbre de honor, una cicatriz de la guerra, pero para sus seguidores una "mancha" en su reputación que debía ser extirpada mediante una cirugía plástica), difundía el mensaje de Fátima, pero que cuando empezó a caer en las ínfulas de creerse "importante" y "poderosa", se alejó de eso, para creer que mediante conversaciones, diplomacia y acuerdos prácticos podía "convertir a Roma". Recientemente un sacerdote de esa corriente, durante un sermón, clasificó a los tradicionalistas en tres categorías: "los parásitos, los clientes, y los fieles". Los fieles serían únicamente los que mostrasen una adhesión incondicional, ciega, becerril, hacia la tal congregación, aptos entonces para recibir todos sus sacramentos. O sea, sería algo así como el que es poseedor de un "pase sanitario", que lo vuelve "confiable", mientras el resto sería gente sospechosa, de segunda categoría. Desorientación diabólica, sin dudas.

-Finalmente podemos hablar del desinterés en general por el tema de Fátima, pues basta dar una mirada a las redes sociales, sitios y blogs de internet, para darse cuenta de que abundan sobremanera las informaciones referidas a los hechos de la "pandemia" o "plandemia", pero no existe quien aporte algo para revertir y combatir efectivamente esto. Por eso no nos sorprende la falta de interés, receptividad o difusión de nuestro blog. Las tinieblas se han extendido tanto, que la gente ya no puede ver ni distinguir lo accesorio de lo importante, lo circunstancial de lo permanente. Esta indiferencia puede desanimarnos, sin dudas, sobre todo el ver que nadie hace caso a la Santísima Virgen, especialmente los buenos, los que están de nuestro lado. Pero tenemos el deber de ser fieles y por lo tanto continuar nuestro trabajo, si Dios lo permite y a la Virgen le agrada, y las circunstancias nos ayudan.

Hacen falta oración y sacrificios, adhesión absoluta a la verdad y santificación personal, para lograr que aunque sea un alma entienda que tenemos la victoria a nuestro alcance, que debemos trabajar por el triunfo del Corazón Inmaculado, que es una forma de trabajar por el Reinado de Nuestro Señor Jesucristo, y que vamos hacia ese triunfo glorioso, al cual tenemos que contribuir desde ahora con nuestra fidelidad y adhesión –aquí, sí, incondicional- al mensaje de Nuestra Señora. Sin este fervor de vida, sin este compromiso, sin esta cruz que debemos ofrecer a María, corremos el riesgo de caer en esa desorientación diabólica de la que hablábamos. Tomemos en serio el mensaje del Cielo, o suframos las consecuencias, pues ya estamos avisados.

¡Viva el Sagrado Corazón de Jesús y el Corazón Inmaculado de María!

24 DE OCTUBRE

Aportamos en este artículo una serie de fechas cuya interesante coincidencia nos ha llamado la atención. De más está decir que octubre parece ser un mes revolucionario *par excellence*, y en otra serie de fechas –que no incluimos ahora- queda demostrado. Gnósticos y masones suelen realizar sus obras envueltos en la simbología numérica y gestual. Saque el lector sus conclusiones.

El **24 de octubre de 1648** se firma la paz de Westfalia. Mediante los tratados de Osnabrück y Münster, este último en la Sala de la Paz del ayuntamiento de Münster, en la región histórica de Westfalia, finalizó la guerra de los Treinta Años en Alemania y la guerra de los Ochenta Años entre España y los Países Bajos. La Europa nacida de la Reforma luterana recibía, como diría el Padre Lira, "su consagración legal, que no legítima, en Westfalia". Fue en evento clave en la configuración del moderno mundo anticristiano.

El **24 de octubre de 1881**, el embajador de los Estados Unidos en Francia, Levi Morton, colocó el primer remache de la construcción de la Estatua de la Libertad, la más famosa del mundo, que iba a simbolizar la Revolución masónica y, de algún modo, la imagen opuesta de la Santísima Virgen, por quien vino la Luz al mundo.

El **24 de octubre de 1917**, los bolcheviques desencadenaron en Rusia el golpe de Estado final que se oficializó en la mañana del 25 de octubre, conocido como Revolución de Octubre. En la misma semana, la Declaración

Balfour otorgó al Sionismo las tierras de Palestina, que constituiría, tras el final de la Segunda guerra mundial, el actual Estado de Israel. Pocos días antes se había producido la última aparición de Nuestra Señora en Fátima, cuyo milagro del Sol es uno de los más espectaculares de todos los tiempos.

El **24 de octubre de 1929**, se produjo el colapso de la bolsa de Wall Street en Nueva York, la otra cara de la misma Revolución llevada a cabo por los mismos conspiradores que financiaron el Comunismo, allá en el Este. Cuatro meses antes, la Virgen había pedido la consagración de Rusia a su Corazón Inmaculado.

El **24 de octubre de 1939**, en una Carta al Obispo de Leiria, la Hna. Lucía afirmó: *"Dios ha decidido purificar por medio de la sangre a todas las naciones que quieren destruir su reinado en las almas; pero a pesar de esto promete ser apaciguado y conceder el perdón, si la gente reza y hace penitencia"* (citada en Frère Michel de la Sainte Trinité, *The Whole Truth About Fatima*, Vol.II, Immaculate Heart Publications,Buffalo, Nueva York, 1989, pág. 685).

El **24 de octubre de 1945** se produjo la creación de la ONU, Organización de las Naciones Unidas, destinada a la unificación del mundo mediante un régimen comunista, bajo el disfraz de la "democracia" y los "derechos humanos". El 24 de octubre se celebra entonces el "Día de la ONU".

El **24 de octubre de 1967**, exactamente cincuenta años después de la Revolución comunista en Rusia, durante el Sínodo de los Obispos, en la Capilla Sixtina en el Vaticano, se celebró la primera misa según el nuevo rito o Novus Ordo (entonces llamada misa normativa), que sería oficialmente promulgado el 3 de abril de 1969. Era la abolición oficial del Sacrificio de la Cruz perpetuado por la Iglesia. Tampoco se rezaría más a San Miguel Arcángel, entre otras cosas por la conversión de Rusia. Ese mismo año se abolió el Juramento antimodernista. Cuatro meses antes, las tropas sionistas habían ocupado Jerusalén, durante la guerra de los seis días. El Concilio Vaticano II se había negado a condenar el Comunismo, mientras que establecía una nueva enseñanza oficial acerca del deicidio. Oficialmente el Vaticano se inclinaba hacia la izquierda.

El **25 de octubre de 1971**, coincidiendo con el aniversario oficial de la proclamación de la Revolución rusa, China comunista ingresaba triunfalmente a las Naciones Unidas (ONU).

El **27 de octubre de 1986**, se vio la manifestación pública más clara de que la Iglesia pos-conciliar estaba comprometida de lleno con el ideal masónico de una superreligión universal, en la *Jornada mundial de oración por la paz de todas las religiones en Asís* (téngase en cuenta que la Jornada interreligiosa no pudo realizarse el 24 ni el 25 de octubre porque caía en viernes o sábado, lo cual era una pública afrenta a musulmanes y judíos).

El **24 de octubre de 2011**, el Vaticano emitió un importante documento titulado *"Por una reforma del sistema financiero y monetario internacional en la perspectiva de una autoridad pública con competencia universal"* donde proclama –hasta veinte veces- la necesidad de un gobierno mundial.

El **24 de octubre de 2012**, la Fraternidad Sacerdotal San Pío X (FSSPX) anunció en un comunicado la expulsión de uno de sus obispos, Mons. Richard Williamson, que había sido vilipendiado por haber cuestionado públicamente el dogma del "Holocausto" judío, entorpeciendo de ese modo las negociaciones acuerdistas de los liberales de la Fraternidad con el Vaticano modernista. De este modo, la congregación que había fundado Mons. Lefebvre

101

daba un paso decisivo en su claudicación, mediante un gesto de benevolencia hacia la Roma conciliar, en ese entonces en apuros ante el poder de la Sinagoga de Satanás.

El **24 de octubre de 2019**, en lo que se ha considerado un ritual masónico, las autoridades socialo-comunistas del gobierno de España profanaron la tumba y exhumaron el cuerpo del Caudillo Francisco Franco y lo retiraron del Valle de los Caídos.

Recordemos que tanto el número 11 como el número 13 son números "fetiche" de los ocultistas que manejan los hilos del mundo. Pues bien, la suma de esos dos números es 24. Benedicto XVI renunció al papado un día 11, y Francisco fue elegido un día 13. El golpe de estado consumado entre ambos protagonistas, proclama así también, el número 24.

¡Viva el Sagrado Corazón de Jesús y el Inmaculado Corazón de María!

RUSIA, PAÍS CRISTIANO ¿ES EL INSTRUMENTO DE DIOS PARA CASTIGO DEL OCCIDENTE APÓSTATA, GLOBALISTA Y SODOMITA?

"Nuestra Señora afirmó que Rusia será el instrumento del castigo, escogido por el Cielo, para castigar el mundo entero, si no obtenemos, de antemano, el proceso de conversión de aquel pobre país".

Hermana Lucía de Fátima

"Tengo la firme confianza que, con la ayuda de Dios, estará una vez más reservado a la gloriosa fraternidad de nuestras armas salvar a la sociedad moderna de la ruina segura con que la amenazan los hombres que, bajo el bello disfraz del progreso, no le preparan sino la vuelta a una nueva y espantosa barbarie".

Carta de Francisco José, Emperador de Austria-Hungría, al Zar Nicolás I,

Abril de 1849.

"Hay un proverbio alemán que reza: 'Mut verloren, alles verloren' [cuando se pierde el coraje, todo está perdido]. Hay otro latino según el cual la pérdida de la razón es el verdadero heraldo de la destrucción. Pero, ¿qué le ocurre a una sociedad en que se produce la intersección de ambas pérdidas, la pérdida del coraje y la pérdida de la razón? Este es el cuadro que a mi juicio

presenta hoy día el Occidente".

Alexander Solzhenitsyn

Memorias (Coces al aguijón), Argos,

Barcelona, 1977, pág. 106.

"La guerra defendible es la guerra defensiva"

G. K. Chesterton, Autobiografía, 1936.

El 21 de febrero de 2022 quizás sea una fecha recordada especialmente en el futuro, tal vez inaugure la etapa final de una caída y el día inicial de un resurgimiento. Es probable, si Rusia sabe lo que hace y lo que debe hacer lo hace. En nuestra perspectiva, comienza el cumplimiento de la promesa final de Fátima. El 21 de febrero Rusia decidió reconocer a las repúblicas independientes de Donetsk y Lugansk, en el margen oriental de Ucrania, una forma inteligente que encontraron los rusos –tanto en Ucrania como en Rusia- de iniciar al fin la defensa de Rusia contra la agresión del gobierno ucraniano y el insistente acecho del decadente y desesperado Occidente, a través de los países miembros de la OTAN.

Rusia, país cristiano

La mayoría de las personas de esta desdichada época, cuando escuchan hablar de Rusia, lo primero que piensan es en "Comunismo". Quizás alguno que otro, mejor formado, piense en "Cristianismo". Sin embargo, el comunismo duró sólo 70 años y fue un episodio más –sin dudas el más terrible- de los tantos ocurridos en la larga historia de Rusia. Pero el Cristianismo está y ha estado allí por más de 1.000 años. Y no ha podido ser derrotado por el comunismo. Si no se entiende que Rusia es un país cristiano, nos quedaremos en la superficie de los hechos, tal vez hiper-informados, pero a la vez, hiper-ignorantes de lo que está pasando.

Vladímir Putin dijo que la conversión de Rusia y adopción del cristianismo por parte del príncipe Vladímir de Kiev fue "el punto de partida de la formación y desarrollo del estado ruso, el verdadero nacimiento espiritual de nuestros antepasados y la determinación de su identidad. La identidad, el florecimiento de la cultura nacional y la educación". De manera tal que siendo el cristianismo la identidad de Rusia, el gobierno mantiene estrechos lazos con la Iglesia ortodoxa rusa. Eso determina –con todos los errores habidos y por haber- la política interior y exterior de la Rusia surgida el 31 de diciembre de 1999, cuando al filo del nuevo milenio, asumió el gobierno interino Putin. Putin entiende bien lo que decía De Maistre: "Creo y sé que ninguna institución humana es durable, si no tiene una base religiosa" ("Consideraciones sobre Francia"). Rusia tiene como base el cristianismo ortodoxo que recibió de Bizancio.

El resurgimiento religioso de Rusia es francamente espectacular. Hagamos un breve repaso, a través de datos estadísticos. Bajo el régimen soviético el 99% de las iglesias fueron cerradas y millones de cristianos fueron asesinados. En 1995 el comisionado estatal de Rusia confirmó la cifra de 200.000 sacerdotes ortodoxos rusos, monjes y monjas asesinados. Tan sólo el "aperturista" Kruschev eliminó 50.000 sacerdotes. Antes del derrumbe de la Unión Soviética, existían 67 diócesis en todo su inmenso territorio. Pero ya en el 2008 había 200 y, de 21 monasterios pasó a haber 620. De 6.893 parroquias, se han aumentado a 23.000. Mientras Europa occidental cierra, vende, destruye o convierte las iglesias en bares y discotecas, cuando no son vandalizadas o quemadas, en Rusia se han construido 28.000 iglesias en los últimos 28 años, lo que equivale a 1.000 por año, o aproximadamente 3 por día. ¡Todo un récord! En 2014, Putin pidió la restauración de los monasterios históricos de Chudov (del Milagro) y Voznesensky (Ascensión) del Kremlin, ambos destruidos por los bolcheviques. También incentivó el proyecto de reconstrucción de otra iglesia destruida por los bolcheviques en el Kremlin, lo cual es todo un símbolo de lo que debe ser la nueva Rusia, enraizada en su fe. Últimamente ha podido verse una magnífica y bellísima catedral de las Fuerzas Armadas construida en tiempo récord. Solamente Moscú cuenta con 600 iglesias. ¡Hasta han construido una iglesia en la Antártida! El 77% de la población se declara hoy cristiano ortodoxo. Hacia 2017, el 80% de los niños en la región de Moscú tomaban un curso de cristianismo, el curso llamado 'Fundamentos de la cultura ortodoxa' que es elegido voluntariamente por la gran mayoría de estudiantes y sus padres. Está claro que, dentro de este panorama, los católicos son muy pocos.

Más datos:

- Mientras el gobierno de España planea quitar la gran cruz del Valle de los caídos, el gobierno de Rusia trabaja en erigir en Vladivostok, en la costa del Pacífico, allí donde los soviéticos habían planeado erigir una estatua de Lenin, una estatua de Cristo de 70 metros de altura, más alta que la del Cristo Redentor de Brasil.

-El día 28 de julio se celebra oficialmente como el Día de la Cristianización de Rusia.

-La cultura ha sido ocupada cada vez más por la imagen religiosa. El principal estudio de T.V. de Rusia exhibe sobre su techo una inmensa imagen del Cristo Pantócrator. ¿Puede encontrarse algo parecido en Occidente? La impregnación del cristianismo llega hasta los bancos y los restaurantes. En estos últimos, por ejemplo, hay un rincón donde un icono de la Theotokos con una vela encendida espera a quien vaya a rezar antes de tomar su comida. Algunos bancos hacen promociones ofreciendo de regalo imágenes de la Theotokos. La moneda rusa, el rublo, presenta en cuatro de los seis billetes en circulación, imágenes de iglesias o monasterios cristianos. Eso en un país como el nuestro considerado "católico", sería prohibido por discriminación. Compárese además con los billetes del dólar estadounidense, con sus notables símbolos masónicos, que exhiben orgullosamente. Veamos otro ejemplo y comparemos: "Las vallas publicitarias de la ciudad de Nueva York promueven la comunidad LGBT mientras Moscú ilustra las calles con carteles del zar (San) Nicolás. (...) 300 vallas publicitarias con citas de la correspondencia de Nicolás II y su esposa se colocaron en las calles de Rusia para "fortalecer los valores familiares". Según un representante del departamento de la Iglesia, "tiene como objetivo fortalecer los valores familiares en la sociedad rusa y también comunicar la verdad sobre la vida de la familia del zar". Las mujeres cristianas cuentan con tiendas o boutiques de ropa acorde con su religión, esto es, vestidos femeninos elegantes (nada de pantalones). Respecto de la moral sexual, un artículo periodístico nos informa que "La Iglesia de la Reina quiere que los transexuales sean sacerdotes, la Iglesia rusa sugiere que visiten a un psiquiatra", en oposición de la Iglesia ortodoxa frente a los anglicanos de Su Majestad británica.

Por supuesto que la situación allí es harto compleja, complicada para los católicos y mismo la unidad nacional se sostiene en una tolerancia hacia las religiones falsas como el islamismo, judaísmo y budismo, pero no olvidemos que Rusia tiene más de la mitad de su territorio en Asia, y es una inmensa mezcla de etnias, lenguas y culturas. Ante todo Putin ha sabido lograr la unidad nacional y la estabilidad de un país extremadamente complejo. No es poca cosa para quien gobierna la nación más grande del planeta.

Así es que Rusia es hoy el último país que sostiene públicamente el cristianismo -si bien desde el arraigado cisma-, a diferencia de los otrora grandes sostenes del catolicismo en Occidente. Nadie puede afirmar que países como Francia, España, Italia o Argentina (póngase el país que se quiera, ¡hasta Estados Unidos!) son hoy más cristianos que Rusia. Por el contrario, han apostatado todos cayendo bajo las garras del liberalismo protestante y de la revolución comunista que del Este se trasladó hacia el Oeste, como había anunciado la Virgen en Fátima. Hoy son países anticristianos, pusilánimes, acobardados, corruptos, que matan o pervierten a sus hijos con las leyes contranatura, por amor a la sacrosanta "Democracia". En Estados Unidos ¡hasta se permite adorar al diablo y hay registrada y legalizada una "Iglesia de Satanás"! Decía hace mucho el Padre Osvaldo Lira: "Es indiscutible que como Estado u organización política, Rusia, a pesar de vivir la inmensa mayoría de sus cristianos separados de Roma, era en tiempos de los zares más cristiana que Francia e Italia, para no nombrar sino a Estados de súbditos católicos; porque no hay peor forma del odio que la prescindencia o el desconocimiento afectados y, sobre todo, cuando va unido a la intención encarnizada de destruir aquello mismo que se aparenta desconocer". ¿Ahora no ocurre exactamente lo mismo?

El reputado historiador Alberto Falcionelli, experto en el tema Rusia, explica en breve el origen cristiano de

Rusia, en el año 988, aunque sus orígenes se remontan a los tiempos del Apóstol Andrés:

"Conversión [del príncipe Vladímir] evidentemente política cuyos efectos serán decisivos para la historia de Rusia. En efecto, escribe Stáhlin: "Esta conversión es una circunstancia de importancia histórica mundial que sobrepasa en mucho la conquista de los variegos y las influencias normandas venidas del Norte. Si Rusia ha seguido en general, y desde el principio, otras vías que Occidente, lo debe al hecho de que no ha recibido el cristianismo de la Roma occidental, sino que lo ha recibido de la Bizancio oriental, con sus ideales ascéticos cada vez más fuertemente acentuados, con la transformación cada vez más decidida de la vida intelectual en el estudio exclusivo de cuestiones y de intereses de iglesia, con su adormecimiento cada vez más acentuado en la palabra y en la forma, con su intolerancia, su gobierno y su administración de intrigas y de despotismo, sus rasgos de crueldad sombría, su servilismo cortesano y su falta de espíritu caballeresco. Rusia permaneció entonces, para no hablar sino de algunos elementos capitales del desarrollo de Europa, fuera del movimiento de las cruzadas como también del desarrollo capitalista de las ciudades que lo siguió, pues entre Bizancio y ella, Asia y la estepa han venido nuevamente a interponerse y también porque fue encerrada y circundada del lado de tierra... El Renacimiento y la Reforma, el gran empuje interior hacia la época moderna, le fueron por estas razones completamente extraños. Harnack dice de la Iglesia griega que es una religión natural. Ningún profeta, ningún reformador, ningún genio ha venido desde el siglo III después de Cristo a turbar la incorporación de la religión a la historia general. Por ello, en el transcurso del tiempo, se produjo una fusión entre la Iglesia y el Estado, fusión que sólo la Iglesia ortodoxa griega podía realizar; en efecto, desde el principio, los sacerdotes griegos todavía completamente independientes de los príncipes en razón de su origen extranjero, inculcaban a sus feligreses la idea de que todo poder principesco viene de Dios. Y tampoco es permitido abrigar la menor duda sobre el hecho de que esa religión ha dado y sigue dando, a innumerables millones de seres humanos, una confianza en Dios simple y recta, y un verdadero consuelo en el sufrimiento, y que enseña un amor fraterno lleno de piedad.

No hace mucho, el conde Keyserling decía que la Rusia del simple campesino era el único país de la cristiandad que en nuestros días estuviera aún cerca de Dios, y encontraba al ruso extrañamente semejante al hindú en sus relaciones con el mundo: "que lo comprende todo igualmente, igualmente hermano de todo el mundo, igualmente desprovisto de espíritu práctico", extrañamente semejante sobre todo en su fervor religioso" [Nota del Autor: Investigaciones recientes, debidas al barón M. de Taube, establecen, sin embargo, una primera conversión de los rusos de Kiev, por obra del príncipe Askold, al cristianismo romano. Esta conversión se situaría entre los años 836 y 882, mientras que la de Vladimir es de 988-989 (M. de Taube: Rome et la Russie avant l'invasion des Tartares, I; Paris, 19 4 8). 6 C. Stählin: Geschichte Russlands von den Anfängen bis zur Gegenwert (5 tomos); Berlin-Koenigsberg, 1923-1939] (...) La separación total de Rusia de Occidente y de Bizancio a causa de la invasión tártaro-mongólica, confirmará estos conceptos y estas actitudes espirituales recibidos con una religión ya hecha; y en ello reside la causa fundamental del carácter conservador de la Iglesia ortodoxa como de su falta de espíritu creador en materia teológica y filosófica".

(Historia de la Rusia contemporánea, primera parte, Universidad Nacional de Cuyo, Mendoza, 1954, P. 110)

Se nos ocurren dos consideraciones, de las tantas que

pueden hacerse, sobre el cristianismo ruso. Primero, el repliegue sobre sí misma hizo a Rusia particularizar su religión, ajena a la buena doctrina, el escolasticismo, el magisterio pontificio, aferrándose sobre todo a la liturgia, lo que además determinó una forma de conducirse en política absolutamente propia. Segundo, esto último significó una preservación a la vez que de todo lo bueno que podía darle el catolicismo, una preservación del protestantismo con sus perversas consecuencias liberales y capitalistas, que hoy desembocan en Occidente en la más desquiciada contranatura. Los rusos saben bien que cuando las sectas protestantes empezaron a penetrar los países católicos –e incluso el mismo Vaticano-, comenzó su disolución y no sólo religiosa, sino también social y política. Así es como los rusos han repelido esa deletérea invasión protestante que entre nosotros ya está volviendo protestante a la Iglesia oficial romana. Sólo cuando a partir de Pedro "el Grande" entraron en Rusia las ideas iluministas, gnósticas y democráticas de la Francia y la Inglaterra liberales, entonces esto causó los efectos de una borrachera salvaje, que culminó en la Revolución bolchevique, una orgía satánica nunca vista. Es decir que el misticismo y la piedad mal sustentados y desviados, llevaron a una religión invertida, el contra-cristianismo que significó el comunismo. La Providencia, que hasta ahí se identificaba con la nación rusa, ahora se llamaba Revolución, y su Iglesia era el Partido Comunista. Como detrás del comunismo había sobre todo un problema religioso, sólo volviendo al cristianismo Rusia podría recuperar su identidad, luego de esa enajenación oprobiosa. Eso fue lo que ocurrió a partir de la década del '80 del pasado siglo. Rusia pudo volver al cristianismo –es decir, a la manifestación pública y oficial del cristianismo- particularmente porque mantuvo una profunda devoción a la Santísima Virgen María, y acá no dejamos a un lado que en esto tuvieron que ver las consagraciones parciales o incompletas de los papas, de Rusia al Corazón Inmaculado de María. A consagraciones incompletas, conversiones incompletas. Rusia dejó el comunismo y volvió al cristianismo, pero no dio el paso definitivo y necesario a la Iglesia Católica (de la cual por otra parte lo ignora prácticamente todo). No obstante, es claro que la recuperación religiosa fue de la mano con la recuperación del orgullo patriótico. Esa unión parece hacer a los rusos invencibles, frente a un Occidente que reniega de sus orígenes y, por lo tanto, de sí mismo. Los rusos saben por qué pelean, los occidentales ya no.

¿Rusia contrarrevolucionaria?

Sí y no. Depende. Depende de las decisiones que con estos hechos actuales y a partir de ahora, se tomen. Sabemos que hay en Rusia quintacolumnistas, cruce de intereses, y hasta compromisos que se habían adquirido con el globalismo, lo que ahora queda puesto en entredicho. ¿Rusia va a "quemar sus naves"? Está en esa encrucijada, y si no toma las decisiones que la lleven al éxito, es porque no comprende quién es su enemigo. El diablo que inició el asalto final para imponer su "Nuevo Orden Mundial" anticristiano, no se detendrá frente a las negociaciones o la diplomacia, porque ha declarado la guerra a la humanidad, y sólo Cristo y su brazo armado –consagrado a María– puede vencerlo. Es a todo o nada.

Explica muy bien Rubén Calderón Bouchet el pensamiento conservador contrarrevolucionario, a partir sobre todo de Burke, fundando la doctrina contrarrevolucionaria a partir de las siguientes ideas:

-Las instituciones fundadas en la sola razón duran poco.

-Un Estado laico carece de fundamento para sostener la autoridad.

-Las ciencias no pueden hacer la felicidad del hombre, y el progreso es el resultado de una lenta conquista hecha por el esfuerzo de muchas generaciones.

Reiteradas veces Putin se ha manifestado y definido como conservador, ha sabido llevar con lenta paciencia la obra de gobierno, contra viento y marea. Su genio político se ve una vez más no sólo en lo que acaba de hacer en Ucrania, sino que ha sabido esperar el momento decisivo, cuando la propia torpe provocación del enemigo justificó sus pasos. Cuando en 2014, el golpe de estado o "revolución de color" lanzado por Washington desalojó el régimen pro-ruso de Ucrania e instaló un gobierno títere de la OTAN, tras la anexión de Crimea –mediante un plebiscito-, Putin fue criticado por no lanzarse a tomar las regiones hoy convertidas en repúblicas, que resistían con uñas y dientes a los globalistas occidentales. Hasta Alexander Dugin –que no es asesor del gobierno, como se lo señala equivocadamente- entonces criticó duramente a Putin (recibiendo a cambio su expulsión de la Universidad de Moscú, donde trabajaba). Pues bien, hoy Rusia está mucho mejor preparada en todos los sentidos para afrontar estas maniobras y, por otra parte, Estados Unidos está mucho más debilitado. Las sanciones recibidas entonces le resultaron muy difícil de sobrellevar, en cambio la situación actual de Rusia es mucho más sólida. El tiempo le ha dado la razón.

Los tres principios arriba enunciados, son negados por el pensamiento revolucionario, "porque en él predomina una fuerte predisposición a tomar ficciones por realidades; por ende ese pensamiento considera a la razón fuente creadora de instituciones y fuerza capaz de imponer sus decisiones a la misma naturaleza" (Calderón Bouchet). Por el contrario, en el conservadorismo ruso las instituciones que han sostenido la soberanía patria a lo largo de la historia se han visto favorecidas y fortalecidas desde el Estado. Acaso alguien pueda preguntar si no ocurre lo mismo en China, ya que aparece como un país fortalecido en el marco internacional. Pero esto es falso, ya que esclavizando a sus ciudadanos, la única "tradición" que sostiene el Partido Comunista Chino es la suya propia, así el dragón tiene los pies de barro. El mismo Putin en una de las tantas críticas que hizo a la URSS, señaló que su debilidad fue enfeudar el Estado y la Nación toda a un partido político, que cuando cayó hizo colapsar todo lo demás. En China hace años hay fuertes guerras internas dentro del PCCh, incluso recientemente hubo varias explosiones cerca de su sede, y a su líder al menos seis veces lo han querido asesinar. China podría seguir en su momento el derrotero de la URSS, a no ser que antes quiera utilizársela para tratar de hacer caer a Rusia.

De tal manera que Rusia opone a la utopía revolucionaria de Occidente y su "Gran Reseteo" igualitarista, un sano realismo, el sentido común y la fuerza en sus decisiones, para defender su identidad nacional. Todo esto en una era de "globalismo", "identidad de género", "ecumenismo religioso" y "cosmopolitismo".

Para seguir con el conservadorismo ruso, "el hombre alcanza su plenitud en un proceso histórico determinado. Puede decirse sin paradojas: no existe el hombre, existe el francés, el inglés, el alemán, el español, etc.; los sistemas políticos son obra de la historia. Un régimen no puede ser el resultado de la momentánea decisión de una asamblea constituyente. Hacer tabla rasa del pasado es contrario a la naturaleza. "Las operaciones de mejoramiento son lentas –asegura Burke- porque se trabaja, no sobre materia inanimada, sino sobre seres vivientes de los que no se puede alterar súbitamente el estado, la manera de ser, los hábitos, sin colocarlos en una situación de miseria" (Calderón Bouchet)

Contra la cultura de la cancelación, la destrucción de la identidad, el hombre cosmopolita y apátrida (cosas en las que Putin ha comparado a los actuales EE.UU. con la antigua URSS), Rusia afirma al hombre ruso, su identidad, su valor. Hoy por hoy, esto es absolutamente contrarrevolucionario.

Frente a Rusia está la Revolución occidental, aunque en total decadencia. De Europa se puede decir lo que Burke afirmaba ya en el siglo XVIII: *"El siglo de la caballería ha pasado, se inaugura el de los sofistas, de los economistas, de los calculadores. La gloria de Europa se ha extinguido para siempre"*. Los quejidos histéricos de la prensa occidental, los politiqueros y las masas desinformadas, acerca de "la invasión rusa", los actos de solidaridad con la pobrecita Ucrania, los llamados a la paz (¿qué paz? Desde 2014 que en Ucrania no había paz. ¿La paz de los pases sanitarios, tal vez eso quieren?), muestran el lamentable estado de una Europa que dejó hace mucho de ser cristiana.

Paz y guerra

Invasión es una palabra fea, que los medios usan para inmediatamente condenar a Rusia, que habría agredido gratuitamente a un país vecino. Pero dos acepciones al menos podemos darle, según el diccionario, a la palabra: 1) Irrumpir, entrar por la fuerza, 2) Ocupar anormal o irregularmente un lugar. Cuando Argentina recuperó sus islas Malvinas, largamente usurpadas por los ingleses, los enemigos decían que Argentina había invadido las islas. Había entrado por la fuerza, sí, pero a un lugar que le pertenecía y le habían arrebatado (dejemos de lado la manera y la oportunidad de hacerlo). Mismo cuando los aliados en la Segunda Guerra, desembarcaron en Normandía se habló de la invasión de Normandía. Pero la prensa dice que era para liberar Europa. De modo tal que podemos tranquilamente decir que Rusia entró por la fuerza (invadió) Ucrania, merced a acuerdos con las nuevas repúblicas independientes que reconoció, pero para liberar a un territorio que toda la vida le perteneció, hasta que el gobierno comunista bolchevique inventó la Ucrania moderna (lo dijo Putin más de una vez), la cual desde 2014 está extraoficialmente en manos de su enemigo los EE.UU., y donde cientos de miles de ciudadanos rusos estaban siendo perseguidos y masacrados por el criminal gobierno al frente del cual funge un depravado comediante devenido político, llamado Zelensky (de origen judío, se lo ve en videos perversos y también se lo señala como cocainómano) y como si fuera poco con las amenazas de ingresar a la OTAN para así poder instalar mejor las bases misilísticas con las cuales podría atacar a Rusia. Rusia fue puesta en la alternativa de reaccionar ahora o lamentarlo para siempre. Su propia soberanía y existencia corrían un serio peligro si Ucrania al fin ingresaba a la OTAN. La de Rusia es una intervención quirúrgica, que puede terminar muy mal si no se actúa rápido y con firmeza.

Hay que recordar, además, que Ucrania está en el corazón de Rusia, ya que es allí donde nació, allí donde el príncipe Vladimir se convirtió al cristianismo. ¿Acaso Rusia puede admitir que lo que fue su cuna sea convertido en su fosa, y que toda su historia peligre por el prurito de aparecer como "civilizados", después de que agotó todas las instancias de negociaciones y comprobó que sus adversarios no habían cumplido ninguno de los acuerdos firmados?

Rusia sabe bien quién tiene enfrente. Los criminales del *deep state* norteamericano son capaces de cualquier maniobra, ya fue visto en los atentados de falsa bandera del 11 de septiembre y la posterior incursión en Irak, más Libia, etc. ¿Rusia podía permitir que hicieran lo mismo con ella?

Los hipócritas países occidentales, con el "invasor serial" que son los Estados Unidos a la cabeza, luego de haber declarado una enmascarada guerra a sus ciudadanos mediante la "pandemia", y luego de haber provocado durante años a Rusia, ahora se lamentan por la horrible guerra que Rusia querría imponerle al mundo. Desde luego el papa Francisco no podía estar ajeno a estos pedidos de paz. Este domingo 27 de febrero dijo: «¡Silencien las armas! Dios está con los que hacen la paz, no con los que usan la violencia. Porque quienes aman la paz, como dice la Constitución italiana, repudian la guerra como instrumento de agresión contra la libertad de otros pueblos y como medio de solución de las controversias internacionales». Desde luego estaba tomando parte una vez más con el globalismo anticristiano del cual es cómplice. ¿Dios no está con los que usan la violencia? ¿Pero habrá leído el papa el Antiguo Testamento? ¿Habrá escuchado hablar de la Batalla de Lepanto?

Piden paz, pero, nos preguntamos, ¿qué tipo de paz piden? ¿La paz que da el mundo, una paz injusta, mentirosa, irenista? ¿La paz que permite matar a los niños no nacidos en el vientre de sus madres, la paz que mata a los ancianos y enfermos con la eutanasia, la que da "derechos" a los depravados sexuales, la que mata y enferma con las "vacunas"? ¿La paz del desfile del orgullo gay? ¿La paz para cerrar las iglesias y los santuarios católicos? Nosotros ciertamente no le llamamos a eso paz. Y preferimos el desfile del orgullo ruso al desfile del orgullo LGBT.

Citemos algunos principios que nos trae Santo Tomás de Aquino, acerca de la guerra y la paz:

Es bueno destruir la paz fundada en la mala concordia. *Promover la discordia que rompe la concordia causada por la caridad es pecado... Pero provocar la discordia que destruya la mala concordia, es decir, la que se apoya en mala voluntad, es loable. En ese sentido fue laudable la disensión introducida por San Pablo entre quienes estaban concordes en el mal* (Hc 23 6-7), *ya que el Señor dice de Sí en Mt 10, 34: No he venido a traer paz, sino la espada* (II-II c37 a1).

La resistencia legítima no es sedición. *No se puede llamar sediciosos a quienes defienden el bien común resistiendo* (al poder injusto), *como tampoco se llama pendenciero a quien se defiende* (a sí mismo de un atacante). *El régimen tiránico no es justo... de ahí que la perturbación de ese régimen no tiene carácter de sedición... El sedicioso es más bien el tirano* (II-II c42 a2).

Los que combaten con justicia son pacificadores. *También los que hacen la guerra justa quieren la paz. Por eso no están en contra de la* (verdadera) *paz, sino contra la paz mala, la que el Señor no vino a traer a la tierra (Mt 10, 34)... se infiere la guerra para conseguir la paz. Sé, pues, pacífico combatiendo, para que con la victoria aportes la utilidad de la paz a los que combates* (II-II c40 a1).

Por supuesto, los liberales e izquierdistas de todo pelaje gustan de decir que prefieren "una mala paz a una buena guerra", y en general se ha difundido la idea de que toda guerra es injusta. Pasamos de la "vida" como el valor supremo, a la "paz" como lo más alto que hay. Tanto una como otra palabra están tergiversadas. Respecto de tema tan grave hacía unas aclaraciones el Padre Castellani:

"Y la prueba de que ha dejado de ser católico [nuestro país, la Argentina] es que no se guía ya por los principios elementales de la moral católica en la producción de los actos más solemnes y transcendentales de su función rectora; como es eminentemente una *declaración de guerra*. Las razones de la famosa proclama del general Farrel cuando entró triunfalmente en la guerra europea en favor del (que iba ganando) [nota del blog: por presión yanqui Argentina, que se había mantenido neutral durante toda la guerra, declaró la guerra a Alemania poco antes de que la contienda finalizase], Derecho, Progreso y Civilización cristiana, eran, si ustedes recuerdan, de un amoralismo infantil. Pero las razones verdaderas, que estaban detrás de la proclama, eran más amorales todavía.

La única razón por la cual una nación puede aceptar el terrible flagelo de la guerra, es la justicia gravemente violada, con seguridad y no solo por conjetura, de hecho y no solo potencialmente, en el presente y no solo en el futuro, respecto de ella misma y no solo respecto de otras naciones, acerca de las cuales no tiene mandato de tutelaje.

Este principio se puede aceptar, o dejar de aceptar; pero el que lo deja, diga lo que quiera decir, no es católico." (Decíamos ayer, 24 de febrero de 1945)

Las naciones occidentales se llenan la boca con la palabras Libertad, Democracia, Paz, Sociedad Abierta, y en base a esas palabras vacías que encubren sus agendas criminales y su amoralismo, pretenden impugnar y eliminar de la "civilización moderna" a un país que sostiene el patriotismo y la normalidad −esto es, la ley natural-. Si es

119

como dijo Chesterton que "La guerra defendible es la guerra defensiva", pues bien, Rusia ha realizado acciones a manera de defensa contra un enemigo que estaba aplastando a los rusos residentes allí, estaba socavando su soberanía y amenazaba llevar al mundo a una guerra mundial. Putin dijo en estos días: "El bien tiene que defenderse". Su guerra es defendible.

¿Rusia es comunista?

Otra opinión que circula, especialmente en estas exaltadas tierras de Iberoamérica, es que Rusia "es comunista". Opinión absolutamente carente de fundamentos y que sólo circula porque opinar es lo más fácil que hay. ¿Qué razones se dan para sostener eso? Sólo una. Dicen "Rusia apoya a Cuba y Venezuela". Ya está. Un país es comunista si tiene buenas relaciones con países comunistas. O sea que España, que tuvo muy buenas relaciones con la Cuba comunista, también habría sido comunista. En fin... Rusia tiene una estrategia geopolítica muy inteligente. Si Estados Unidos la amenaza aliándose y colocando bases militares en sus países vecinos, ¿por qué Rusia no iba a tejer alianzas con países con los que puede servirse estratégicamente para sus fines? Pragmatismo puro. ¿En dónde entra acá la ideología? Rusia tiene también excelentes relaciones con Brasil, cuyo actual presidente dista mucho de ser comunista. ¿Entonces? ¿Quizás los que opinan que Rusia es comunista creen que ésta debería interferir en las cuestiones internas de los otros países? No es la manera de actuar de Rusia, a no ser que le convenga a su propia política, como ocurrió en Siria, e invitado por su presidente. Pero la respuesta de que Rusia no es comunista no se da por el hecho de que sostenga o no relaciones con países que son comunistas −por otra parte, ¿acaso

120

sólo Cuba y Venezuela son comunistas, o lo son también, cada vez más, España, Italia, Francia, EE.UU. Canadá, Australia y el resto de los países occidentales, aunque no lo declaren?- sino por su propia política interna. Acá es donde generalmente los que opinan no se sumergen y no investigan. Entre los tantísimos aspectos del comunismo, señalemos solamente el primero y más importante: su odio religioso. Leamos unas pocas declaraciones de sus máximos exponentes, palabras que fueron trasladadas *religiosamente* a la acción:

LENIN:

-"Toda idea religiosa, toda idea de Dios [...] es una abyección indescriptible [...] de la especie más peligrosa, una epidemia de la especie más abominable. Hay millones de pecados, hechos asquerosos, actos de violencia y contagios físicos [...] que son menos peligrosos que la sutil y espiritual idea de Dios engalanada con los ropajes «ideológicos» más elegantes".

-"Dios es el enemigo personal de la sociedad comunista".

-"Nuestra propaganda comprende necesariamente la del ateísmo".

STALIN:

-"No hay neutralidad frente a la religión. Contra los propagadores de absurdos religiosos, contra los eclesiásticos que envenenan a las masas, el partido comunista no puede menos que continuar la guerra".

-"No lo olvidaremos, no olvidaremos nunca la enseñanza de nuestro querido Lenin: la religión y el comunismo son incompatibles tanto teórica como prácticamente. Nuestra tarea es destruir toda clase de religión y de moral, pues a nuestros ojos solamente es moral lo que es útil al bolcheviquismo".

TROYSKY:

-"¿Qué es el hombre? En absoluto se trata de un ser concluido o armonioso. No, todavía es una criatura enormemente horrible. El hombre, como un animal, no ha evolucionado siguiendo un plan, sino espontáneamente, y ha acumulado muchas contradicciones. La cuestión acerca de cómo educar y regular, de cómo mejorar y completar la construcción física y espiritual del hombre, es un problema colosal que sólo puede ser concebido sobre la base del socialismo. Producir una nueva "versión mejorada" del hombre, ésa es la tarea futura del comunismo".

Para los revolucionarios la religión –particularmente la católica, y en Rusia la cristiana ortodoxa, a la cual persiguieron ferozmente- es un engaño, una ficción, frente a la cual se levanta la utópica ideología, un gnosticismo que habrá de hacer al "Hombre Nuevo", en una sociedad igualitaria.

En palabras del mártir Jordán Bruno Genta: "El Comunismo es una empresa satánica contra Dios y contra la naturaleza creada y redimida por el Verbo de Dios. Su objetivo concreto y final es la destrucción de la Civilización Cristiana; su verdadero móvil, un incurable *resentimiento nihilista*".

De acuerdo a esta definición, el comunismo está exactamente del otro lado, en Occidente (como también en China), y no en Rusia.

El gran enemigo del comunismo, Alexander Solzhenitsyn (1918-2008), que, recordemos, fue galardonado y honrado por el presidente Putin, que hizo que sus libros se leyesen en las escuelas, dijo también lo suyo (discurso en la recepción del Premio Templeton, 1984):

"En el pensamiento filosófico y en el corazón mismo de la psicología de Marx y de Lenin, el odio a Dios constituye el impulso inicial, previo a todos los proyectos políticos y económicos. El ateísmo militante no es un detalle, un elemento periférico ni una consecuencia accesoria de la política comunista: *es su eje central.* Para alcanzar su fin diabólico, ella necesita disponer de un pueblo sin religión y sin patria. Debe por lo tanto abatir la religión y la nacionalidad. De hecho, esta doble política los comunistas la proclaman y la practican abiertamente. La tela de araña de atentados, tejida últimamente en torno al Papa, nos muestra hasta qué punto el mundo ateo tiene necesidad de dinamitar la religión; hasta qué punto ésta parece habérsele quedado atravesada en la garganta".

El comunismo, como bien explica Solzhenitsyn, debe abatir la religión y la nacionalidad, para, en cambio, favorecer el mundialismo. ¿Es esto lo que ha hecho Putin en Rusia? Todo lo contrario, ha reforzado la religión, la nacionalidad y la familia. Los comunistas destruyeron iglesias y persiguieron y asesinaron a los religiosos (con excepción de un pequeño grupo que les era adicto, pero que no tenía influencia en el pueblo creyente). En la Rusia de Putin se construyen iglesias (mientras en Occidente se destruyen, profanan, queman o convierten en bares y discotecas) y hasta el mismo presidente tiene un icono de Cristo y de la Virgen en su despacho (https://www.youtube.com/watch?v=7dwqBVh4qeI). El que tiene un retrato de Lenin en su despacho es Klaus Schwab https://www.youtube.com/watch?v=EeX-jEQWo3uY)

Podrá discutirse si quieren lo que lo mueve a esto (no juzgamos su conciencia), pero no podrá decirse que su política es comunista, bajo ningún aspecto. Por si hiciera

123

falta en repetidas veces el mismo Putin dejó en claro que el comunismo era cosa del pasado. Sabe bien que el comunismo llevó a Rusia al desastre. Putin conoce bien la historia de Rusia.

Otra cuestión prioritaria del comunismo, que por naturaleza es internacionalista, es -a pesar de haberse servido de ellos en su momento- abatir el patriotismo o nacionalismo, para poder construir el gobierno mundial. Un solo testimonio daremos aquí (aportamos muchos más en nuestro libro): "El 19 de noviembre de 1937, durante una comida en el hotel Astor de Nueva York, Murray Butler, uno de los profetas más autorizados del British-Israel, decía a Lord Cecil: **"El comunismo es el instrumento con el cual derribaremos los gobiernos nacionales en favor de un gobierno mundial, de una policía mundial, de una moneda mundial**". (Cit. En *Le nouvel ordre mundial*, Pierre Virion, p. 28, 1974, Editions Saint-Remi 2012). Ese viejo proyecto mundialista está siendo llevado adelante hoy. Por lo cual el patriotismo de Rusia viene a ser un obstáculo –*el obstáculo*- para el cumplimiento de ese plan de gobernanza mundial.

Apuntemos también, para los que acusan a Putin de "sovietizar a Rusia", este testimonio de un argentino hijo de rusos blancos que vive hace 25 años en aquel país:

"Totalmente falso. Si hay un pueblo que conoce en carne propia lo que es un régimen comunista, ese es el pueblo ruso. El proyecto soviético de exportación ideológica ha terminado hace ya más de un cuarto de siglo, pero esto no quiere decir que Rusia no pueda tener su propia política exterior. Putin habla claro dentro y fuera de Rusia. Putin dio la orden de revisar si lo de 1917 fue una revolución o un golpe de estado, encomendando a jóvenes historiadores una evaluación profunda, profesional y objetiva. Putin reconoció la existencia de páginas sangrientas en la historia que todos los rusos deben conocer. Putin ha abolido los festejos y el feriado del aniversario de la Revolución de Octubre. Las obras de Solyenitsyn son parte del programa obligatorio en las escuelas. Cada alumno debe saber lo que fue el Archipiélago de Gulag. Rusia vuelve a medir su grandeza a partir de sus diez siglos de historia cristiana y no sólo a partir de 1917, como era antes. Justamente por esto Putin es tan popular en Rusia y es visto por los pueblos de otros países como un pilar de los valores morales tradicionales. Putin hace mucho más de lo que habla. No necesita hacer demagogia. Sus opositores dentro y fuera de Rusia no tienen argumentos para oponerle y no les queda más que enrostrarle su pasado en la KGB y acusar al patriarca Cirilo de ser su agente. No hacen más que hacer ruido. Mientras tanto se siguen construyendo iglesias en Rusia, a pesar de que a algunos rusos autoexiliados en el exterior esto no les guste"

(Sergio Mamontoff, Eclipse de la razón "K". Respuesta a Nicolás Kasanzew, Moscú, 17 de noviembre de 2015).

Otra cuestión de simple sentido común, es la siguiente: 1) cualquiera puede entrar a Youtube y encontrar muchísimos videos de gente que vive en Rusia, y cualquiera puede evaluar si aquello es una tiranía comunista, o no, 2) Normalmente, y eso es histórico, la gente quiere huir de los países comunistas, para eso, por ejemplo, se levantó el muro de Berlín; pues bien, ahora la gente quiere ir a vivir a Rusia, hay una gran migración de occidentales que huyen de las tiranías democrático-sodomíticas de sus países. ¿Entonces?

Terminemos este ítem con una declaración por demás significativa. Son palabras de Christian Rakovsky, alto funcionario del gobierno bolchevique, masón y muy cercano a Trotsky, cuyo testimonio fue recogido en un largo interrogatorio ante la policía secreta estalinista, el 25 de enero de 1938 (día de la luz que anunció la Virgen en Fátima, anuncio de la Guerra mundial), que finalmente determinó su ajusticiamiento:

"Sin abatir al Cristianismo superviviente le ha de ser imposible triunfar al Comunismo. La Historia es elocuente: costó a la Revolución permanente dieciséis siglos lograr su primer triunfo parcial, al provocar la primera escisión de la Cristiandad. **En realidad, el Cristianismo es nuestro único enemigo, porque lo político y económico en las naciones burguesas tan solo es su consecuencia.** El Cristianismo, rigiendo al individuo, es capaz de anular por asfixia la proyección revolucionaria del estado neutral, laico o ateo, y, como vemos en Rusia, hasta lograr crear ese nihilismo espiritual que reina en las masas dominadas, pero aún cristianas; obstáculo no superado aún en veinte años de marxismo. Concedemos a Stalin que no ha sido bonapartista en lo religioso. Nosotros no hubiéramos hecho ni más ni otra cosa que él... ¡Ah!..., **si Stalin también se atreve como Napoleón a cruzar el Rubicón del Cristianismo, su nacionalismo y su potencia contrarrevolucionaria se habría multiplicado por mil. Y sobre todo, si así fuera, una incompatibilidad tan radical hubiera hecho imposible toda coincidencia entre nosotros y él, aunque fuera temporal y objetiva... como la que ya debe usted ver que ante nosotros se perfila".**

"Sin abatir al Cristianismo superviviente le ha de ser imposible triunfar al Comunismo". Nos preguntamos, quién está haciendo todo para abatir al cristianismo de la faz de la tierra, ¿Putin, o más bien Biden, Macron, Sánchez, Trudeau y el resto de los corifeos del teatro globalista?

El experto conspirador Rakovsky, pocas horas antes de morir, lo dejaba bien claro:

"Hay un fin, un único fin: el triunfo del Comunismo; que no se lo impone a las democracias Moscú, sino Nueva York; no la "Komintern", sino la "Kapintern" de Wall Street..."

¿Putin perenialista?

Otra idea que algunos han hecho circular, es que Putin sería un representante del "perenialismo", es decir, seguidor de intelectuales gnósticos como Guénon, Schuon o Evola, que en oposición a la visión cíclica evolutiva de la historia (esto es, progresista y new age), creen en una visión cíclica involutiva, donde hay que combatir la degradación de esta etapa decadente de la historia para pasar luego a una era mejor. Habría ahí una mezcla de gnosticismo, fascismo y evolianismo (por Julius Évola). De un lado la izquierda globalista y del otro la derecha perenialista, que difundiría una falsa idea de tradición, al hablar de una "Tradición Primordial" transmitida a través de una doctrina esotérica. Colocan en este bando a Putin, Trump, Bolsonaro, Salvini, Orban y quién sabe qué otro. Un representante de esta corriente habría sido el recientemente fallecido intelectual brasileño Olavo de Carvalho.

¿Cómo podemos llamar a esta teoría? ¿Conspiranoia? ¿Fake news? Porque si en todo hay que tratar de dilucidar lo verdadero de lo falso, en este caso, tenemos aseveraciones que se vierten sin aportar la menor prueba que la sustenten. Nos parecen más bien elucubraciones intelectuales que algunos gustan de hacer porque, como sabemos, el intelectual prefiere tener sus esquemas o teorías donde la realidad pueda embutirse y explicarse con mayor prolijidad. Pero, insistimos, se lanzan estas afirmaciones sin aportar ninguna prueba de que las cosas sean así. Lo más lejos que se llega, para aportar algo concreto que sostenga esta teoría, es tirar al bulto un leit motiv socorrido por los mass media liberales occidentales, a saber: que Alexander Dugin sería "el hombre que está detrás de Putin", algo así como "su cerebro" o el que le sopla la letra. El apuntador de Putin. Pues bien, ese es otro lugar común de la prensa occidental anti-rusa, pues si uno investiga un poco, se encuentra con que no hay absolutamente ninguna prueba de ello, ni la menor señal, tan sólo un "se dice" o "dicen que". Dugin es un ideólogo de lo que se llama el "euroasianismo", es un pensador que mezcla algunas verdades con evidentes errores, Nietzsche, Evola, Heidegger, fascismo y comunismo aparecen por allí en una mescolanza bastante ridícula. Cierto que fue profesor en la Universidad de Moscú, pero a partir de 2014 se distanció de la política del gobierno ruso –de hecho ese año fue expulsado de la Universidad, tras haber criticado duramente a Putin, llamando a su régimen "cesarismo"-. El historiador Ilyá Budraitskis explica que Dugin se decepcionó con Putin porque éste simplemente se dejaba guiar más por la praxis política que por la ideología (https://nuso.org/articulo/el-de-putin-es-en-esencia-un-proyecto-conservador/). Que haya intelectuales o ideólogos que intenten influir en estos gobernantes, eso sí lo creemos, incluso que pueda haber alguna coincidencia parcial de ideas, pero que estos gobernantes se dejen conducir por ellos y decidan sus políticas de acuerdo a estos gurúes, ya es otra cosa muy distinta. Debe demostrarse. Y se demuestra simplemente viendo la obra de gobierno, en la cual se ve su visión del mundo. Putin lleva más de veinte años en el poder, creemos que es suficiente tiempo para evaluarlo, en términos generales. Creemos además que se exagera al hablar de la influencia de esos personajes, especialmente por parte de la prensa liberal occidental, que quiere caracterizar a los conservadores de manera simplista, casi caricaturesca. Putin, en todo caso, y hablando de su gobierno, puesto que en definitiva lo que importa son los hechos que descubren su pensamiento, cambiando lo que haya que cambiar (que es mucho), tiene más cosas en común con Franco que con Hitler o Mussolini.

Traemos a cuento ahora algo sí pertinente sobre las ideas que sostiene Putin:

"Un elemento clave de la cosmovisión de Putin no es solo su compromiso con la Iglesia Ortodoxa Rusa como institución, sino también su admiración por tres filósofos cristianos rusos de los siglos XIX y XX: Nikolai Berdiaev, Vladimir Soloviev e Ivan Ilyin, a quienes a menudo cita en sus discursos. Los gobernadores regionales de Rusia incluso recibieron instrucciones de leer las obras de estos filósofos durante sus vacaciones de invierno de 2014.

El mensaje clave de estos filósofos es el papel mesiánico de Rusia en la historia mundial y su necesidad de preservarse a través de la ortodoxia y la restauración de sus fronteras históricas.

Al estudiar las causas de la tragedia rusa del siglo XX, Ilyin escribió:

"La revolución rusa es un reflejo de la crisis religiosa que estamos viviendo ahora, un intento de establecer un sistema público y estatal anticristiano ideado por Friedrich Nietzsche y realizado económica y políticamente por Karl Marx. Este virus anticristiano fue exportado a Rusia desde Occidente...

Al perder nuestro vínculo con Dios y la tradición cristiana, la humanidad se ha vuelto moralmente ciega y se ha apoderado del materialismo, el irracionalismo y el nihilismo."

En opinión de Ilyin, la forma de superar esta crisis moral global es que la gente vuelva a los "valores morales eternos", que definió como "fe, amor, libertad, conciencia, familia, patria y nación" pero sobre todo "fe y amor".

"Para que Rusia vuelva a ser grande, el pueblo ruso debería creer en Dios. Esta fe fortalecerá sus mentes y su fuerza de voluntad. Los hará lo suficientemente fuertes como para superarse a sí mismos"

https://russian-faith.com/trends/putins-christian-vision-n883

¿Algo más traen los acusadores para probar que Putin sería "perenialista"? No. Y suponiendo que surgiese algún día una prueba de que en algún momento Dugin llegó a ser uno de los asesores de Putin, ¿cuáles serían las acciones de gobierno o declaraciones de Putin que probasen que es un "perenialista"? En bien de la verdad, quisiéramos se nos explique, porque eso que se dice es bastante ambiguo. Por si fuera poco, se habla además de una "coalición" que habría entre los mencionados gobernantes. ¿Qué pruebas se dan de la conformación de esa "coalición"? Ninguna. Que haya buenas relaciones o algunos acuerdos estratégicos, ¿significa que se trata de una "coalición"? Putin tiene buenas relaciones tanto con Trump como con Maduro, ¿entonces? Entonces se trata de pragmatismo estratégico, porque le conviene a Rusia. No hay allí nada de ideología o "esoterismo" con el que se busca envolver al resto de las naciones. Podemos en cambio aportar una prueba de que los gnósticos evolianos odian a Putin y lo acusan de comunista (http://centroevoliano-deamerica.blogspot.com/2022/02/el-significado-deucrania-por-juan.html) Así que, hasta donde alcanza la evidencia, Putin no es uno de ellos. Deben buscar otras razones más convincentes para oponérsele.

El profesor mencionado también afirma, y en esto concordamos, que Rusia es un instrumento de Dios para castigo del Occidente apóstata. Ahora bien, él dice que Putin puede ser un nuevo Atila, rey de los hunos. La comparación nos parece bastante inadecuada. Acá hay una omisión importantísima, y se trata de Rusia, que, no lo olvidemos, mayoritariamente es un país cristiano. Atila era un rey bárbaro que gobernaba a un pueblo asiático conquistador y depredador. Putin, cristiano, es europeo –se olvida siempre, ¡Rusia es también Europa!- y si a alguien debiéramos compararlo –mutatis mutandis- es a Constantino, que se convirtió y llevó a la Iglesia a su correspondiente lugar en el Imperio y la ciudad, en tiempos en que ningún Imperio o Estado protegía a la Iglesia católica (como sucede también ahora). Ya mencionamos en otro artículo la llamativa coincidencia de fechas, lo recordamos ahora al pasar: fue un día 13 de junio cuando se publicó el edicto de Milán (fruto de la victoria de Constantino) que reconocía y daba libertad a los cristianos. Fue también un 13 de junio cuando la Virgen pidió la consagración de Rusia a su Corazón Inmaculado. Y fue un 13 de junio de 2013 cuando Putin se animó a decir lo que hasta entonces –excepto Churchill en los años 1920- ningún gobernante se animaba a decir en público: que el gobierno de la revolución bolchevique era mayoritariamente judío. Es decir, desde entonces pueden vincularse mejor los "errores de Rusia" que esparciría por el mundo, y sus autores. Esta clara afirmación (recibida con duras críticas por parte de algunos medios judíos), más allá de los compromisos que Putin pudiera tener para sobrevivir en su gobierno, nos permite colocar este combate contra el comunismo en un terreno teológico, pues se comprende mejor su naturaleza.

Pero no nos basamos para hacer la analogía tanto en cuestión de fechas, como, simplemente, en las palabras de Ntra. Sra. de Fátima, palabras que, por supuesto, los campeones del "antisistemismo" que pululan por Internet desconocen o no le prestan importancia y el profesor que hemos citado escandalosamente omite citar: "**Por fin mi Inmaculado Corazón triunfará. El Santo Padre me consagrará Rusia, que se convertirá, y será concedido al mundo algún tiempo de paz**".

Les preguntamos, ¿no son las presentes circunstancias y lo que está por venir, lo que nos hace pensar que estamos cerca del cumplimiento de esta profecía? Si Rusia no se convierte en el transcurso de esta guerra que está empezando, ¿cuándo va a ser?

¿Putin globalista?

Otra especie que circula por la Internet, porque, como dijimos, opinar es gratis y todo el mundo dictamina sin necesidad de investigar, leer, informarse, cotejar la información, etc. Especialmente en los medios tradicionalistas o "disidentes" se afirma obsesivamente que los globalistas lo tienen todo controlado, que son omnipotentes y ya no hay obstáculos para la pronta instalación del Nuevo Orden Mundial y la aparición del Anticristo. Lo tienen todo abrochado. Punto. Se acabó.

Entre otras cosas algunos sostienen que, como hace falta la guerra para que venga el gobierno mundial, entonces Putin habría actuado de acuerdo a esos planes, siendo prácticamente un peón de Klaus Schwab, que viene a ser el poderosísimo Lex Luthor de estos tiempos. Así que Putin habría durante más de veinte años fortalecido el patriotismo y la religión en Rusia, para ahora, a propósito, destruir todo mediante el globalista "Great Reset" (¡!).

En fin, si bien creemos que existen las conspiraciones, y hablamos bastante del tema en nuestro libro, matizamos la realidad porque ésta es muy compleja. Pero hay algunos que simplifican todo para poder quedarse tranquilos en su "certeza", porque "ellos saben". Por ejemplo, una mujer brasileña difunde en una red social, con total irresponsabilidad, esta especie: "Tanto Zelensky como Putin son dos caras de esa misma moneda corrupta y genocida llamada Nuevo Orden Mundial. Ambos responden al mismo amo, a los que se consideran dueños del mundo. Los "innombrables". Suficiente. ¿Para qué informarse, investigar, si hay gente que ya lo sabe todo y nos lo dice en tan pocas líneas? Les basta subir una foto de Zelensky y Putin, cada uno de ellos rodeado por judíos, para "demostrar" que ambos son lo mismo, dos peones de los "hermanos mayores". Quizás si subimos la foto de Putin rodeado de chinos, deduzcamos que está manejado por los chinos. Si subimos la foto de Francisco Franco al lado de Hitler, podremos demostrar que Franco era nacional-socialista, sin dudas. ¡Ay, qué fácil es entender los hechos, con ese esquema mental! Además de la *reductio ad hitlerum*, existe también la *reductio ad judeum*. Otro "periodista aficionado de las redes" publica una foto de Putin estrechando la mano de Schwab, para demostrar que Putin sería un jornalero del siniestro pelado alemán. En fin. Por el hecho de que Putin perteneció hace treinta o cuarenta años a la KGB, entonces siempre tiene que ser miembro de la KGB. Por el hecho de que hace treinta años pasó por la institución fundada por Schwab, eso significa que hace todo lo que Schwab le ordena hacer. Así dice la misma mujer en otro lugar: "Putin no es agradable, hace parte de la élite (inclusive fue Young Global Leader, como dice Klaus Schwab)", o "Putin es élite. Mas tiene su propia Agenda". ¿En qué quedamos, está con Schwab o tiene su propia Agenda? Sería estimable que vertiesen argumentos concretos, reales, fundados contra Putin, si quieren criticarlo, no lo que hizo hace cuarenta años, si es agradable o antipático o cualquier otra nimiedad. Putin estuvo diecisiete años sin ir a las reuniones del Foro Económico Mundial de Davos, y eso porque creó su propio foro económico, en San Petersburgo. La última vez que fue al Foro de Davos advirtió que el llamado "Gran Reset" va a traer grandes problemas. Por supuesto que le dio la mano a Schwab y se mostró amable. Pero está yendo para otro lado, y es más bien Schwab el que teme a Putin en esta historia. Por eso la histeria destructiva de todos los globalistas ha estallado ahora, descubriéndose en sus propósitos de quitar el obstáculo ruso a sus planes de gobernanza mundial.

No negamos que en estos tiempos modernos, para llegar al poder, en cualquier país hay que atravesar instancias y esferas de relaciones nada santas. Putin no es un carmelita descalzo. Sin embargo, lo que debe evaluarse es su desempeño como gobernante, porque el árbol se conoce por sus frutos (no por sus fotos). Sobran casos de gente que anduvo metida en la masonería, y luego volvió sobre sus pasos. En la historia de los zares de Rusia encontramos también varios ejemplos de ambivalencias y rectificaciones, y hasta hubo un zar que al final murió católico. Gobernar hoy un país, especialmente uno tan complicado como Rusia, requiere inteligencia, prudencia, cuidado, firmeza y a la vez flexibilidad. Es fácil "hacerse el indio" si uno es un anónimo opinante de internet. Pero cuando se tienen responsabilidades sobre millones de personas, esas *boutades* pueden costar muy caro. Hasta acá hemos visto que la política de Putin en Rusia –en tanto se lo han permitido las circunstancias- ha sido fortalecer el patriotismo, la familia, las instituciones naturales, a partir de las propias tradiciones, indisolublemente ligadas al cristianismo, pues eso servía para su propio país. Si eso tiene algo que ver con el globalismo anticristiano judaico, que alguien venga y nos lo explique. Y también a los rusos, que año tras año han venido apoyando a este presidente.

Para abordar el tema de Putin y los judíos, hemos dedicado muchas páginas en nuestro libro, cosa que ahora no podemos hacer (véase además otro artículo, en ese libro). Sólo señalaremos que ha sabido usar por necesidad –"la necesidad tiene cara de hereje"- a ciertos grupos judíos, mientras que se ha desembarazado de los oligarcas judíos no dispuestos a responderle a él, que estaban expoliando a Rusia en los años 1990. No sólo los quitó de su poder sino que los encarceló o los expulsó del país. Nos preguntamos si otro gobernante en todo el mundo se ha atrevido a hacer lo mismo. ¿Imaginamos a un presidente de Argentina, poniendo en prisión a Eduardo Elsztain?

Como noticia de última, un medio dice que "Oligarcas de la elite rusa se pronuncian contra la guerra de Putin" (https://www.lavanguardia.com/internacional/20220301/8090119/oligarcas-miembros-elite-rusa-pronuncian-guerra-putin.html) Como apunta el periodista Rafael Palacios que da esta noticia: "Cuando los medios oficiales os hablen de los "oligarcas rusos" suelen omitir un dato que sí da, al final, y con la "boca pequeña", este artículo de La Vanguardia: la mayor parte son judíos. Igual que Zelensky. No en vano, Ucrania y Kazajistán son la patria del reino Jázaro, que se convirtió al judaísmo en el siglo VII y dio lugar a los judíos jázaros o askhenazis."

Los hechos y el relato

Si no se conoce un poco de lo que es Rusia, se cae en un fácil reduccionismo maniqueo. Ahora los *mass media* que durante dos años nos han venido bombardeando

135

sin piedad sus mentiras sobre la pandemia, son coherentes y nos trasladan a un escenario donde Rusia vendría a ser el agresor malvado, Putin el nuevo Hitler o Stalin que desea una guerra mundial (Putin es el nuevo virus, sin dudas), Ucrania una pobre víctima (¡el nuevo George Floyd!) y los EE.UU. y los países occidentales que le obedecen –es decir, que dependen del *Deep State* que lo controla- vienen a ser los garantes de la democracia, la libertad (gayfriendly, claro), la paz y la seguridad en todo el mundo.

La propaganda de guerra viene trabajando desde hace años contra Rusia. Pero ahora ha "salido del closet" y se muestra sin pruritos en su desvergüenza. La *plandemia* los ha estado entrenando muy bien en reconocer todo lo que amenaza a la mentira, para eyectarlo de inmediato. Uno de los medios que está a la cabeza de eso es *Infobae*, con artículos donde presenta a Putin como, no podía ser menos, un oprobioso dictador en tiempos democráticos (acá) o presenta a Rusia obsesionada con Ucrania insinuando que esto tiene su continuidad con el holodomor comunista en tiempos de Stalin (acá) mientras que el centenario diario *La Nación* habla del machismo de Putin (¡por supuesto!, no es un afeminado como el canadiense Trudeau) (acá). Si no supiéramos que estamos en una guerra, nos enteraríamos al ver la clase de acción llevada a cabo por la prensa. Por ejemplo, nos anoticiamos que la cadena española *A3Noticias* hizo pasar una explosión en China en 2015 como si fuera un bombardeo ruso en Kiev hoy. Otro medio informativo mostró imágenes de un supuesto bombardeo ruso cuando en realidad se trataba de imágenes de un videojuego (¡!). Otro presenta la despedida de una familia como si huyese del ataque ruso cuando en realidad marchan a Rusia para huir de los ataques ucranianos, etc., etc.

Nada dicen estos medios prostituidos de los laboratorios biológicos que controla el Pentágono en Ucrania, y que son los que está destruyendo Rusia: https://telegra.ph/Qu%C3%A9-hacen-los-laboratorios-biol%C3%B3gicos-secretos-estadounidenses-en-Ucrania-02-26

Aquí el mapa con los laboratorios biológicos de EEUU en Ucrania: https://ua.usembassy.gov/embassy/kyiv/sections-offices/defense-threat-reduction-office/biological-threat-reduction-program

Los enemigos de Rusia son los que toman iniciativas como ésta, no suficientemente destacada: "La administración Biden lanzó un nuevo fondo internacional de $2.5 millones para promover la aceptación de la homosexualidad y el transexualismo y etiquetar a los opositores de la agenda LGBT como "antidemocráticos". De acuerdo con la descripción de los programas bajo el nuevo fondo, los programas financiados por la nueva iniciativa deben trabajar para etiquetar la oposición a la agenda LGBTQI+ como "antidemocrática" y caracterizar los mensajes de sus oponentes como "desinformación". El fondo, llamado Global LGBTQI+ Inclusive Democracy and Empowerment Fund, o GLIDE Fund, se anunció el mes pasado y es administrado por la Oficina de Democracia, Derechos Humanos y Trabajo del Departamento de Estado.http://catapulta.com.ar/?p=12171

Lo mismo que hacen lo ingleses con nosotros: "El Enviado Especial del Primer Ministro del Reino Unido para los Derechos LGBT+, Lord Nick Herbert, visitó la Argentina esta semana y se reunió con sus funcionarios del Gobierno Argentino y con organizaciones de la sociedad civil. La organización civil local Kidz inauguró en la Embajada Británica en Buenos Aires la app QUIR de información para el colectivo LGBT+. El viaje forma parte de las

137

actividades que este año desarrollará Lord Herbert con el objeto de impulsar medidas ambiciosas de promoción de los derechos LGBT+ antes de la conferencia Safe To Be Me (Sin temor a ser yo mismo) que tendrá lugar en Londres.

El Reino Unido y la Argentina trabajan en estrecha colaboración en lo que respecta a los derechos LGBT+. Como copresidentes de la Coalición por la Igualdad de Derechos – organización intergubernamental compuesta por 42 Estados Miembros, organizaciones multilaterales y unas 120 organizaciones de la sociedad civil – el Reino Unido y la Argentina encabezan la acción mundial relativa a este tema.

A lo largo de 2022, Lord Herbert visitará países de todos los rincones del mundo para recabar apoyo a los derechos LGBT+ e impulsar medidas ambiciosas con anterioridad a la conferencia Safe To Be Me de junio. El Reino Unido ayudará a los países a transitar su propio camino hacia la igualdad, ofreciendo apoyo para crear las condiciones que permitan una mayor libertad e igualdad. (http://catapulta.com.ar/?p=12395)

Veamos otra noticia. El influyente "filosofo" judío francés Bernard Henry Levy, ya desde el 18 de febrero llamaba a Europa a enviar más armas a Ucrania

"Conocido por sus diversos compromisos internacionales, desde Libia hasta Ucrania, Bernard-Henri Lévy hizo un llamado a Europa para fortalecer su apoyo militar al gobierno ucraniano, mientras la tensión está en su apogeo. ¿Aceite en el fuego? Mientras la tensión está en su apogeo en el este de Ucrania, Bernard-Henri Levy pidió a Europa el 18 de febrero que refuerce aún más su apoyo militar a Ucrania, aunque Moscú lo perciba como una "amenaza". "Aquí están las viejas armas con las que el ejército ucraniano tendrá que enfrentarse, si llega, al ataque de Putin. No es suficiente", escribió BHL en Twitter, subtitulando una foto de 2020 en la que aparece junto a soldados. "Nosotros, Europa, necesitamos apoyar mucho más al [presidente ucraniano] Zelensky", agregó. Bernard-Henri Levy ya había apoyado el golpe de Estado de 2014, que terminó con la caída del presidente Viktor Yanukovych, en particular apareciendo entre los manifestantes de Maidan.

https://francais.rt.com/international/95921-pas-suffisant-bhl-appelle-europe-armer-davantage-ukraine

Europa necesita apoyar más, dice este personaje, al presidente ucraniano, un perverso actorzuelo que fue puesto para pudrir bien podrido ese país y así usarlo como plataforma para invadir Rusia. Véase un video escabroso de este personaje Zelensky, el "bueno de la película": https://t.me/rafapalreal/17767

Sí, es un golpe demasiado bajo. Ya sabemos a quienes está enfrentando Rusia.

Hipótesis de la Guerra de Occidente contra Rusia

Escribió el papa Benedicto XV, en su Motu proprio *Bonum Sane*, del 25 de julio de 1920:

"El advenimiento de una República Universal, anhelada por todos los peores elementos de desorden y confiadamente esperados por ellos, es una idea que está madura para su ejecución. De esta república, basada en los principios de la absoluta igualdad de los hombres y en la comunidad de las posesiones, estarían proscriptas todas las distinciones nacionales, ya tampoco serían ya reconocidas la autoridad del padre sobre sus hijos, o el poder público sobre los ciudadanos, o el de Dios sobre la Sociedad humana. Si estas ideas se ponen en práctica, inevitablemente

139

vendrá un reinado de terror sin ejemplo. Ya, aun ahora, una gran parte de Europa está pasando por esa experiencia dolorosa y Nos vemos que se intenta extender ese terrible estado de cosas a otras regiones".

Las palabras del papa son actualísimas, como que describen bien lo que pretende el enemigo de Dios, la Contra –Iglesia. Ahora bien, fueron escritas hace ciento dos años, y si entonces –tras la Primera Guerra mundial, la disolución de las monarquías, el arribo del comunismo y la formación de la Sociedad de Naciones- muchos creían que estaban dadas las condiciones para un gobierno mundial, sin embargo éste no se produjo. Surgieron, por un lado, las luchas intestinas de los globalistas, y por el otro reacciones patrióticas y nacionalistas. En este 2022 del Señor, ha venido a ocurrir lo mismo. Rusia es esa reacción, que toda persona sensata debería apoyar.

Es interesante señalar respecto del método que el enemigo usa para querer llegar a esta gobernanza mundial, la República universal del terror. El Padre Denis Fahey cita a Léon de Poncins:

"El supremo ideal judío consiste en la transformación del mundo en una Sociedad de Responsabilidad Limitada. El capital de esta empresa será la tierra y tendrá por objeto la explotación de toda la raza humana. Israel, ayudado quizás al principio por unos pocos testaferros proporcionará el Consejo de los Dictadores para administrar los asuntos de la Compañía. Dos métodos están siendo empleados para alcanzar este fin. El primero consiste en la americanización, que tiene el inconveniente de ser relativamente lento. El segundo, que es rápido, brutal y dictatorial, es el comunismo.

...El progreso no consiste en la sustitución de la burguesía capitalista por el proletariado comunista. El progreso consiste en sustituir, el aún limitado capitalismo de

Europa y de Norteamérica, en las que todavía existe un cierto grado de libertad política, por el capitalismo mundial con un poder político despótico". (*La alianza de la finanza judía con el comunismo*, reproducción parcial del libro del Padre Denis Fahey *El Cuerpo Místico de Cristo y la Reorganización de la Sociedad*, cit. en *Patria Argentina* Nº 349, 22 de diciembre de 2017).

El comunismo soviético falló y cayó; la americanización falló y está terminando de caer (falló, decimos, porque no todo el mundo se plegó y por lo tanto todavía no se llegó a ese gobierno mundial tanto tiempo buscado). A la URSS se la dejó caer, porque se había vuelto obsoleta y demasiado onerosa. Era mejor apoyar el comunismo chino. A Estados Unidos se lo hundió internamente con toda la degeneración LGBT y sus gobernantes socializantes, que destruyeron su economía. ¿Qué podría pretender la élite mundial, el poder sin nombre que se maneja en las sombras? Pues que EE.UU.-Europa y Rusia se destruyan entre sí, para que luego de la gran catástrofe, surja China como la síntesis totalitaria que al fin se imponga en absolutamente todo el mundo. Una simbiosis de comunismo y capitalismo deshumanizado y esclavizante. Claro que China parece tener su propia agenda, de allí que haya disputas internas dentro del mismo partido comunista y que hasta Soros, que siempre se mostró un gran admirador del modelo chino, ahora salga diciendo que allí hacen falta más libertades. Sólo Dios sabe en qué irá a parar todo ello.

Lo cierto es que tras la política agonal del "*ancien régime*", se pasó luego a la política-juego de las democracias liberales (cfr. Gueydan de Roussel, *Las tres fases políticas*). Rusia ha estado a mitad de camino entre una y otra. Pero al final de la política-juego, que está acabando, llega la llamada *política metafísica*, cuyo arquetipo ya no es el combatiente ni el espectador, sino el testigo o mártir. La guerra puede ser el final de eso ya moribundo que es el liberalismo partidocrático. Por eso desde ahora habrá de correr sangre y el testimonio vertido por un ideal supremo, dará lugar nuevamente a la edad de la política agonal. Nosotros lo llamamos la sexta edad de la Iglesia, a partir del triunfo del Corazón Inmaculado de María. Si Rusia cae, estará libre el camino para el arribo del Anticristo. Pero la Virgen hizo una profecía y una promesa, que no dejarán de cumplirse. Es el comienzo del fin del gran castigo.

Decía la Hna. Lucía al Padre Agustín Fuentes (26 de diciembre de 1957):

"Ella [la Virgen] me dijo que el diablo está empeñado en una batalla decisiva contra la Virgen. Y una batalla decisiva es la batalla final, donde un bando será victorioso y el otro sufrirá la derrota. Por lo tanto, de ahora en adelante debemos elegir los bandos. O estamos con Dios o estamos con el diablo. No hay otra posibilidad."

Y Nuestro Señor a la Hna. Lucía (Carta al Padre Gonçalvès, 18 de mayo de 1936): **"¡El Santo Padre! Reza mucho por el Santo Padre. Él la hará [la consagración de Rusia], pero será tarde. Sin embargo el Corazón Inmaculado de María salvará a Rusia, ella le está confiada."**

¡Viva el Sagrado Corazón de Jesús y el Inmaculado Corazón de María!

UN FANTASMA RECORRE RUSIA: ¡DUGIN!

Decía el gran Chesterton que para condenar un poema, lo primero que hay que hacer es comprenderlo, lo cual no deja de aplicarse en general a cualquier fenómeno, hecho u obra que vamos a considerar. Mínimamente debemos buscar conocer –en la medida de nuestras posibilidades y recabando honestamente la verdad– aquello sobre lo que vamos a explayarnos y, si cumple hacerlo o es nuestro deber, como es el caso del crítico, hacer la "condena".

Rusia es un país muy complejo. Decía Alberto Falcionelli que era el país menos conocido en Occidente. Por lo tanto, al adentrarse en lo que está ocurriendo ahora allí, hay que hacerlo con sumo cuidado y prevención, tratando de evitar los groseros clichés de la prensa occidental, que todo el mundo repite como cotorras sin verificar si lo que dicen es o no verdad.

Dejando de lado la escandalosamente mentirosa propaganda de guerra que está desplegando el occidente liberal a través de sus medios de prensa contra Rusia y sobre todo contra su presidente Putin, a raíz de la acción militar que está desarrollando en Ucrania, han salido a la palestra y algo desencajados no pocos condenadores de Rusia y de Putin, ya sean católicos de la Tradición o católicos líneamedia, conservadores, liberales o conciliares. En todos ellos vemos por sobre todas las cosas falta de información y mucho prejuicio. Algunos lo hacen histéricamente, adoptando los mismos métodos liberales, otros pretendidamente desde una cierta altura intelectual que les permitiría abarcarlo todo o casi todo con certeza. No hace falta decir pero lo haremos, que no somos "putinistas" o cosa semejante, porque cunde en este medio el hecho de que si uno sostiene alguna opinión o posición determinada, aparece de inmediato el sufijo "ismo" o "ista" con el cual ya seríamos etiquetados fácilmente. El pensamiento binario, dualista o maniqueo –táchese lo que no corresponda– abunda cada vez más, arrojándose a la papelera de reciclaje todos los matices del caso.

Una de las más flojas condenas y análisis de la situación que encontramos últimamente, ha sido escrita en la noche de su día por un profesor brasileño –otro más-, y publicada aquí: https://www.estudostomistas.com.br/2022/02/a-guerra-na-ucrania-um-olhar-teologico.html

De entrada y desde su título el artículo afirma dar una mirada teológica de lo que está pasando en Ucrania. Digamos en principio que su autor es de los que piensan –coincidentemente con los modernistas de Roma y algunos sedevacantistas- que Fátima es una cuestión del pasado, algo perimido, caduco, fenecido, y por lo tanto Rusia no debe ser consagrada al Corazón Inmaculado de María. De manera tal que los hechos que ahora ocurren no deben leerse –o intentar leerse- en relación a las profecías, mensajes y promesas de Nuestra Señora. Ahora bien, en sus escritos –no sólo en éste- el profesor omite las palabras fundamentales que dijo Nuestra Señora y que nosotros reproducimos en la cabecera de nuestro blog, a saber: **"Al fin mi Corazón Inmaculado triunfará. El Santo Padre me consagrará Rusia y será concedido al mundo un cierto tiempo de paz."** ¿No cree el lector, preguntamos, que amén de ser palabras de la Santísima Virgen, en las actuales circunstancias, no son palabras que deberían desdeñarse, olvidarse o, peor aún, ocultarse?

El profesor retomará al final de su artículo el tema Fátima, así que por ahora lo dejamos.

Empieza el artículo diciendo lo siguiente: "O mundo divide-se atualmente em dois grandes blocos geopolíticos: de um lado o Ocidente (o da vitoriosa revolução marcusiana ou libertina) com seus satélites; de outro a Rússia (hoje um czarismo republicano) e a China (hoje um neocomunismo radicalmente capitalista) com seus satélites. Pois bem, essa divisão e a pressão dos meios de comunicação a serviço desses dois blocos pressionam a que todos se sintam na obrigação de aderir de algum modo a um deles e suas ações. Mas ao menos os católicos absolutamente não temos necessidade disso, porque nenhum dos dois blocos está a serviço de Cristo – e ou as nações se põem sob o pavilhão de Cristo deixando-o reinar socialmente, economicamente, politicamente, ou não passam de carniça para os demonios".

Pues nos parece que se equivoca de entrada y esa equivocación determina el resto del artículo, ya que el mundo se divide en tres bloques y no en dos: 1) La OTAN o el llamado Atlantismo (EUA-Gran Bretaña, Europa- Israel y sus países satélites como los de Iberoamérica, y Japón, más, hay que decirlo lamentablemente, el Vaticano), 2) Rusia (más los países del bloque euroasiático que le están asociados) y 3) China. Que Rusia y China puedan ser socios estratégicos en ciertas áreas, o mantener buenas relaciones comerciales y diplomáticas –lo cual es lógico, pues comparten miles de kilómetros de fronteras y ambos son potencias nucleares, ¿puede convenirles otra cosa que tener buenas relaciones, además de que tienen un enemigo común en EE.UU?- eso no significa que conformen en sí un solo bloque, ya que cada uno de estos gigantes tiene su propia agenda, y sus características étnicas, culturales, religiosas y políticas los vuelven inconciliables.

145

De hecho ya durante la etapa comunista tuvieron grandes enfrentamientos. Si China y Rusia conformasen un solo bloque, China habría votado contra la mayoritaria resolución de la ONU de condenar la invasión rusa a Ucrania, y sin embargo el voto de China fue neutral –como pide el profesor que seamos todos en esta historia-. La amalgama de China y Rusia puede llegar a darse en una alianza circunstancial debido a la guerra, y por el hecho de que económicamente las fortalece, pero ambos países tienen cosmovisiones diferentes y hasta antagónicas, por eso afirmar que son un solo bloque resulta abusivo.

Acerca de que "essa divisão e a pressão dos meios de comunicação a serviço desses dois blocos pressionam a que todos se sintam na obrigação de aderir de algum modo a um deles e suas ações", esto no es cierto. Los medios occidentales –en manos de escasas manos de los globalistas-, presionan sólo en un sentido, hacia el bloque del satánico mundialismo LGBT. No hay presión de los medios en el otro sentido. Además de que los medios alternativos son escasos y no tienen poder, y los medios de prensa rusos han sido prohibidos en Europa y Estados Unidos.

Luego dice "Mas ao menos os católicos absolutamente não temos necessidade disso, porque nenhum dos dois blocos está a serviço de Cristo". Pero Cristo puede servirse de una de estas naciones o bloques. En este caso, el profesor soslaya el hecho de que Rusia es un país con mil años de Cristianismo, y hoy por hoy es el único que construye iglesias y donde se ven públicamente las imágenes de Cristo y la Virgen María. ¿Es que eso puede ignorarse? Ah, los orgullosos católicos occidentales miramos con desdén a los cismáticos rusos, ignoramos la piedad y devoción marianas que allí han resistido y vencido la tiranía comunista, pero recordemos lo que decía San Pio

X: *"¡Qué inmenso dolor experimentamos al dirigir nuestra mirada hacia las naciones que se enorgullecen con el dictado de católicas! Sobrada razón Nos asiste para temblar y afligirnos y temer que se realice en ellas, aquella frase de la Escritura: el reino os será arrebatado y transferido a otro pueblo que produzca buenos frutos."* Eso parece haber ocurrido, simplemente porque a pesar de todo, se están dando mejores frutos allá en el Este, que acá en este orgulloso y moribundo Occidente que no conoció la prueba dura del comunismo, sino la lenta apostasía del confort a través del "american way of life" y la primavera del Vaticano II.

Luego de reconocer que Occidente llegó al último grado de corrupción, en lo cual no puede dejar de concordarse, el artículo citado dice que "A Rússia, como disse, é um czarismo de novo tipo, republicano-oligárquico, mas ainda cesaripapista e pan-eslavista, com uma legislação decididamente menos má que a ocidental quanto aos costumes, mas, insista-se, má, além de que ali, como aliás pouco mais ou menos no Ocidente, é grande o número de abortos e de divórcios e é alto o grau de devassidão, de prostituição e de alcoholismo".

Acá encontramos la acusación de los males de Rusia: "como más o menos en occidente, el número de abortos y divorcios es alto y el grado de libertinaje, prostitución y alcoholismo es alto".

Esto es cierto en general y es de lamentar, Rusia no es un país ideal, evidentemente. Ahora bien, no se lo puede decir así sin más, sin poner las cosas en contexto. Todo eso que se menciona está enquistado en la sociedad rusa hace más cien años, no es algo que apareció y fomentó el actual gobierno. Por el contrario, el gobierno de Putin –que, recordemos, no es un príncipe católico- desde un comienzo se ha abocado a luchar contra esos males, en la medida de sus posibilidades, logrando hacer caer en picada el número de todas esas lacras, a diferencia de los países de Occidente que propician no sólo eso sino la homosexualidad, el "matrimonio" igualitario y un millón de degeneraciones más (la última noticia que nos llega de Francia señala que "la justicia francesa autoriza a un hombre a ser reconocido como la madre de su hijo" (sic). ¿Quieren más? En esa misma Francia, otrora "primogénita de la Iglesia" la "justicia" obliga a un municipio remover una estatua de la Virgen María porque atenta contra el principio de laicidad. Rusia, por el contrario, se enorgullece de sus imágenes de la Virgen María y hasta su presidente tiene un icono de Ella en su despacho.

Debido a la necesidad de mejorar la demografía, y porque ha ido avanzando el tradicionalismo religioso y cultural, la política en favor de la familia, es uno de los soportes de la Rusia actual:

"A diferencia de lo que acontece en Europa donde la familia se va reduciendo a su mínima expresión −abortos, anticonceptivos, homosexualidad y tantas otras aberraciones-, la política familiar hoy predileccionada en la Rusia de Putin comporta dos tendencias complementarias: una material o financiera, de apoyo económico a las familias numerosas, y otra psicológica y simbólica, centrada en una intensa propaganda en pro de la familia numerosa y en el apoyo a la natalidad. El esfuerzo financiero que el Estado ruso lleva adelante es excepcional. A partir del segundo hijo, la ayuda a cada nuevo nacimiento no baja de los 9.000 euros. Dicha ayuda económica por hijo beneficia a 4,6 millones de familias. El aborto, que era totalmente libre en la época soviética, ha sido reglamentado por el Estado, al tiempo que se prohíbe la publicidad en su favor, bajando así de manera impresionante la cantidad de afectados. (...) En el año 2008 el Estado estableció una fiesta de la familia, del amor y de la fidelidad, que se celebra el 8 de julio, cuyo comité nacional es presidido por la señora Medvedev la esposa de quien reemplazó a Putin tras su primer gobierno. Asimismo, la ceremonia religiosa completa al matrimonio legal". (Alfredo Sáenz, en La misión de Rusia en el actual cambio de época, Foro ediciones, Capax Dei, Guadalajara, 2019 págs. 22-23.)

Es cierto que desgraciadamente aún no se ha podido lograr la prohibición del aborto (introducido hace cien años por los comunistas), pero el rechazo activo de la Iglesia ortodoxa, que presiona para su prohibición total, y su creciente influencia sobre el gobierno que impulsa una política natalista lo han hecho mermar año tras año (como aconteció con la esclavitud, desaparecida gradualmente tras el surgimiento del cristianismo), de hecho los abortos se han reducido ocho veces en Rusia en los últimos 25 años. Son apenas veinte años de la nueva Rusia, contra setenta de comunismo y hay muchos resabios difíciles de quitar en una sociedad que, no lo olvidemos, no es católica. Hay una *forma mentis* muy arraigada y el conservadorismo no se refleja en todas las capas de la sociedad. Pero está claro que para Putin es una prioridad que las familias tengan muchos hijos, pues Rusia es un país con escasa población: *"Cada paso que damos y cada nueva ley o programa gubernamental que adoptamos debe ser examinado desde el punto de vista de nuestra principal prioridad nacional: la preservación y el aumento de la población de Rusia."* En septiembre de 2016, Putin designó en el cargo oficial de "delegada del derecho de los niños" en Rusia a Anna Kouznetsava, madre de seis hijos, decididamente enemiga del aborto, esposa de un clérigo ortodoxo, fundadora de la asociación de beneficencia "Pokrov" (intercesión) para ayudar a los niños abandonados, cuyo objetivo es el cambio a largo plazo de la mentalidad de los rusos, inclinándolos más hacia el matrimonio y la fecundidad, sobre todo a través de la educación escolar.

Siguiendo con el artículo mencionado, llega al fin lo que sería la terrible amenaza de Rusia para el mundo: "Quanto à invasão atual da Ucrânia, poderia alegar-se a favor de Putin que ele apenas reage às provocações ocidentais e ucranianas. Não por nada a invasão da Ucrânia se deu quando o presidente dos EUA já não era Donald Trump (com quem Vladimir Putin tinha bom relacionamento), mas o belicista Joe Biden. Não nos apressemos, todavia, a concluir isso. Não esqueçamos que, **como bom czar e pan-eslavista que é, e influído pela mesma ideologia gnóstica de um Alexandr Dugin** – segundo o qual não só a Rússia deve de fato invadir e retomar a Ucrânia mas a Argentina deve invadir e retomar as Malvinas (enquanto, completa-o Trump, os EUA devem invadir e retomar o México...) –, Putin invadiu a Ucrânia não como um ato de defesa propriamente dito, porque, com efeito, a Ucrânia havia provocado mas não atacado a Rússia."

Cuando no se tiene mucho que decir contra Putin, se convoca a la escena al fantasma de Dugin (a estas alturas el apreciado lector habrá entendido el sentido irónico del título de nuestro artículo), esa especie de ogro o neo-Rasputín que influiría malévolamente en la dirección de los asuntos de Rusia, y particularmente en Putin; "como bom czar e pan-eslavista que é, e influído pela mesma ideologia gnóstica de um Alexandr Dugin". Perdón, pero, permítannos preguntar, ¿dónde consta que Putin está influido por la ideología gnóstica de Dugin? ¿En qué obras de gobierno o discursos se refleja el "duginismo" de Putin? ¿Qué pruebas hay de que Putin esté siguiendo a Dugin? ¿Cuál sería el gnosticismo de Putin? Dugin, a estas alturas un personaje marginal en Rusia, aunque mediático en Occidente, ha servido más bien para dividir que para unir la élite que rodea a Putin, ya que nacionalistas y cristianos ortodoxos le tienen ojeriza, y como dice un sitio web pro-ruso: "Alexander Dugin, el "cardenal gris del Kremlin" en la propaganda occidental, fue despedido del Departamento de Sociología de la Universidad Estatal de Moscú en 2014 luego de sus desquiciados llamados a exterminar a los ucranianos, una retórica que es fundamentalmente la antítesis del nacionalismo ruso y su amor por los ucranianos como nación, parte inseparable de la etnia de toda Rusia (no es que Dugin alguna vez se haya identificado como un nacionalista ruso)". Dugin escribió un libro llamado "Putin contra Putin", donde resulta muy crítico con el lado conservador-liberal del líder del Kremlin. Está claro que Dugin pretende que Putin sea de su misma corriente ideológica, cosa que Putin no lo es. Ahora, a pesar de que ciertas cosas que dice Dugin son lúcidas y muy ciertas, respecto de lo que ocurre ahora con Ucrania, es probable que intente "llevar agua para su molino", y los medios occidentales le dan cabida para intentar hacer ver a Putin como "un peligroso extremista" que quiere llevar el mundo hacia un neo-fascismo-bolchevique o algo parecido. En todo caso, lo importante acá es establecer ciertamente quiénes son realmente los intelectuales que influyen en Putin, y entre ellos no figura Dugin. Putin –que aunque admire el zarismo, no es precisamente un "zar"- tiene un pensamiento conservador-liberal eslavista, basado sobre todo en clásicos representantes del conservadorismo ruso como Boris Chicherin, Vladimir Soloviev, Pyotr Struve, Pyotr Stolypin e Ivan Ilyin, este último es el autor más citado en todos sus discursos (para más detalles ver el artículo de Paul Robinson que publicamos en nuestro blog). Sin dudas hay personajes de diversas corrientes, algunas erradas y confusas, que merodean alrededor de la corte o el gobierno, en cualquier país, y eso ha sucedido siempre en Rusia. Y hay fuerzas o quintacolumnistas que quieren arrastrar a Rusia en uno u otro sentido. Pero de allí a realizar afirmaciones que no se prueban, es otro cantar.

Creemos que esto se explica porque a veces ocurre que se construye un esquema intelectual de fácil aplicación a la realidad, mediante el cual creemos entender rápidamente todo fenómeno complejo, ahora perfectamente clasificado. El problema es que "el árbol se conoce por los frutos". La obra de gobierno de Putin y sus palabras desde hace más de veinte años están ahí para evaluarlos. Ha habido diferentes etapas, y ha habido una evolución, pero se puede encontrar una indudable coherencia. No es lo ideal, por supuesto, pero ¿dónde estarían los frutos "gnósticos" o su esoterismo? ¿Dónde la tiranía, la persecución, los gulags, el neo-paganismo, el bolcheviquismo, el imperialismo avasallador y todo lo que se les ocurra que debemos temer? ¿Es que Rusia pretende invadir el mundo entero para corromperlo, como los EE.UU. y sus aliados, o simplemente quiere que la dejen en paz? Sucede que hay quienes primero afirman "este árbol es tal" y entonces luego, consecuentemente, todos los frutos que produzca, serán de acuerdo a la definición que se ha dado del árbol. ¿No sería mejor ir a observar la realidad, en toda su complejidad, antes que simplificarse y facilitarse las cosas un tanto maniqueamente? Evidentemente que las ideas de Putin pueden coincidir en ciertos aspectos con Dugin, porque éste en cierto momento gozó de algún predicamento, pero de allí a que éste sea el "ideólogo" o "asesor" de Putin, es otro asunto. Y eso debería ser demostrado. Por el contrario, lo que es sabido —lo explicamos en un artículo anterior- es que Dugin se decepcionó con Putin, y ahora a raíz de lo que está ocurriendo, aparece nuevamente en los medios occidentales (no en los rusos, en los cuales su presencia es prácticamente nula). Pero realmente, ¿representa a Putin?

Por cierto, respecto de esta otra afirmación de que "Ucrânia havia provocado mas não atacado a Rússia.": desde hace ocho años los ucranianos venían matando rusos en la zona de Donbass, y Ucrania incumplió los acuerdos de Minsk, cabe entonces preguntarse, ya agotadas todas las instancias diplomáticas, ¿debía Rusia quedarse de brazos cruzados, viendo además como la OTAN instalaba sus bases misilísticas y escudos anti-misiles en Ucrania, poniendo en grandísimo peligro los 150 millones de habitantes de Rusia? ¿Sabiendo además que había en Ucrania varios laboratorios de armas biológicas de los norteamericanos? ¿Acaso Rusia no jugó demasiado limpio con quienes nunca lo han hecho? No nos engañemos, esta guerra comenzó hace ocho años y el que la inició fue Estados Unidos. Y si vamos a la raíz todo esto comenzó cuando desapareció la Unión Soviética, y Estados Unidos comenzó su expansionismo hacia el Este. Demos gracias al Cielo porque si entonces Rusia se hubiese incorporado a la OTAN –como algunos pretendían- el Nuevo Orden Mundial satánico habría llegado hace mucho tiempo.

Casi finalmente, este párrafo: "Não obstante, insistase em que os católicos não devemos apoiar nenhum dos blocos em conflito. Devemos antes de tudo lembrar que o mundo – o mundo em que não reina Cristo – é um de nossos três inimigos (os outros dois são o demônio e a carne). Devemos depois compreender que o atual dilaceramento do mundo em dois blocos perigosamente antagônicos resulta da apostasia das nações, um dos sinais dados por Cristo para sabermos que o mundo marcha para o fim."

Rusia no pelea por el Reinado Social de Cristo, es obvio. Pero pelea –con sus deficiencias- por el orden natural en peligro, un orden natural que es obra de Dios y sin el cual no puede existir ni la Iglesia ni el Reinado de Cristo.

Frente a Rusia está el mayor imperio del mal de la historia, ¿alguien puede dudarlo al ver la destrucción que ha causado en el mundo, en la Iglesia misma, los crímenes sin fin, la ideología de género, corrupción de los niños, todo un sistema basado en mentiras y crímenes que está llegando a querer cambiar la naturaleza misma del hombre? En Estados Unidos es legal la adoración de Satanás, que cuenta con su propia iglesia. Y se trata de un imperio del mal que quiere extenderse al mundo entero, y esclavizarnos a todos, hasta que las condiciones dispongan la aparición del Anticristo. Por lo tanto Rusia, enarbolando la bandera de Patria, Familia y Religión, y aunque lo haga confusamente y en pro de sus propios intereses internos, está conspirando contra el Nuevo Orden Mundial internacionalista que está destruyendo las patrias, las familias y la religión. Ese Gobierno Mundial buscado por Occidente, daría al fin como fruto, insistimos, la aparición del Anticristo. Entonces, ¿podemos decir que eso no nos concierne, y que allí no va ningún interés de nuestra parte?

Y todo esto tiene que ver con Fátima, y el párrafo final del artículo: "E volta o fatimismo, ou seja, isto de a Rússia espalhar seus erros. Já o fez, e hoje o Ocidente é que espalha seus erros por toda a antiga Rússia (da qual era parte a Ucrânia). Por exemplo, acabo de ver o líder dos católicos ucranianos relembrar Fátima e falar de martírio. Curioso: alguém já o viu criticar o estado da Ucrânia atual, um dos países mais libertinos de todo o mundo? Que erro a Rússia ainda pode espalhar na Ucrânia? – Em "Fátima e a Rússia de Putin", opúsculo meu que publiquei em *Estudos Tomistas II*, já disse tudo o que tinha por dizer sobre este abusivo uso de Fátima, o qual o mais das vezes esconde um anticomunismo cinquentista: é como se o mundo tivesse parado na década de 1950 e ainda perdurasse o namoro de tantos católicos com uma democracia liberal que se fazia de escudo contra o comunismo (como se os líderes ocidentais não tivessem, eles mesmos, entregado metade do mundo à URSS ao fim da Segunda Guerra). O muro de Berlim caiu e o mundo ocidental tornou-se libertino, mas os fatimistas preferem continuar o idílio liberal dos anos 1950 e para tal alimentam um abuso religioso".

Veamos: "E volta o fatimismo, ou seja, isto de a Rússia espalhar seus erros". ¿El "fatimismo" consiste en eso, o sólo en eso? Que haya alguien que plantea las cosas de ese modo, ¿significa que todo "fatimista" habla de eso? Evidentemente no. Hay allí una injusta generalización (¿no es lo propio del sabio distinguir?). Es claro que Rusia ya esparció sus errores, que pudrieron todo el Occidente. Pero, ¿el mensaje de Fátima se queda allí? No. Sigue el profesor: "O muro de Berlim caiu e o mundo ocidental tornou-se libertino, mas os fatimistas preferem continuar o idílio liberal dos anos 1950 e para tal alimentam um abuso religioso." Ambiguo. ¿De qué fatimistas habla? ¿Todos los fatimistas continúan anclados en los años 1950? El autor parece más bien uno de los militantes "anti-Fátima" –cooperador involuntario con los modernistas que han querido destruir Fátima-, para los cuales Rusia no debe ser consagrada ni convertirse.

Brevemente, el mensaje de Fátima del 13 de julio, dice así:

"[Dios] *está a punto de castigar al mundo por sus crímenes, por medio de la guerra, el hambre y las persecuciones a la Iglesia y al Santo Padre. Para evitar esto, vendré a pedir la Consagración de Rusia a Mi Corazón Inmaculado y la Comunión reparadora de los Primeros Sábados. Si Mis peticiones son atendidas, Rusia se convertirá y habrá paz, si no, ella [Rusia] esparcirá sus errores por el mundo, provocando guerras y persecuciones a la Iglesia. Los buenos serán martirizados; el Santo Padre tendrá mucho que sufrir; varias naciones serán aniquiladas."*

Veamos:

1) *Esparcirá sus errores por el mundo*: ya cumplido, pero esos errores cobran nuevas formas y perfeccionan su maldad: el odio a Dios adopta formas cada día más perfectas y contra la natura y los medios de difundir los errores son más sofisticados e intrusivos.

2) *Provocando guerras y persecuciones a la Iglesia*: ¿eso acabó, o estas guerras no son consecuencia de aquellos errores aceptados por Occidente?

3) *Los buenos serán martirizados; el Santo Padre tendrá mucho que sufrir; varias naciones serán aniquiladas.* ¿Esto se acabó, o continúa y aún será peor?

En una carta de mayo de 1936 a su confesor, la Hermana Lucía escribió sobre este retraso en realizar la consagración:

"Íntimamente he hablado con Nuestro Señor sobre el tema, y recientemente le pregunté por qué no convertiría a Rusia sin que el Santo Padre hiciera esa Consagración". El Señor respondió: *"Porque quiero que toda Mi Iglesia reconozca esa Consagración como un Triunfo del Inmaculado Corazón de María, para que luego extienda su culto y ponga la Devoción a este Inmaculado Corazón junto a la Devoción a Mi Sagrado Corazón."*

El triunfo deseado de Nuestro Señor del Corazón Inmaculado de María, su honra, y la devoción a ese Corazón junto a la de su Sagrado Corazón, serán evidentes para todos cuando Rusia sea consagrada y se convierta. ¿Esto dejará de suceder, quedando sólo en palabras o en un fracasado deseo que Nuestro Señor sería incapaz de hacer que se cumpla? No. Porque de hecho en ese mismo mensaje del 13 de julio de 1917, la Virgen dijo: "Al fin mi Corazón Inmaculado triunfará. El Santo Padre me consagrará Rusia y será concedido al mundo un cierto tiempo de paz."

Si Rusia va a ser consagrada como pidió la Virgen, y tras ello vendrá un tiempo de paz (de verdadera paz, no la paz que da y pide el mundo), entonces ahora que estamos entrando en una guerra que la involucra a Rusia, es cuando más debemos tener presentes el mensaje de Nuestra Señora, y seguir la devoción a su Corazón Inmaculado, y rezar y hacer rezar por la consagración de Rusia para que sea lo antes posible, evitando de ese modo el mayor daño posible. Esto es lo que realmente importa, esto es lo que resolverá todo lo que está pasando, esto es lo que debe decirse.

"Quien no está conmigo, está contra Mí, y quien no amontona conmigo, desparrama" (Mt. 12,30). Cuidado, porque impugnar u ocultar las palabras de la Virgen, en una aparición y mensaje que han sido aprobados oficialmente por la Iglesia, significa no sólo una imprudencia, sino sumarse a la irresponsable desobediencia que desde lo más alto de la Iglesia se ha dado como respuesta a las demandas de Nuestra Señora, teniendo que sufrir a cambio los terribles y correctores castigos que aún no cesan de caer sobre el mundo entero.

¡Viva el Sagrado Corazón de Jesús y el Corazón Inmaculado de María!

FÁTIMA, RUSIA Y EL KATEJON

"En este preciso momento, un recio combate tiene lugar entre el espíritu del Anticristo que trata de emerger y el poder político, en aquellos países que, proféticamente romanos, firme y vigorosamente lo reprimen (...) La presente organización de la sociedad y del gobierno, mientras sea representativa del poder romano, es aquello que lo retiene, y el Anticristo es aquél que surgirá cuando este obstáculo desfallezca"

John Henry Newman,

"El tiempo del Anticristo", en *Cuatro sermones sobre el Anticristo.*

"La providencia ha establecido quizás que es Moscú, la Tercera Roma, la que hoy asume ante el mundo el papel de κατέχον [katejon] (2 Tes 2, 6-7), de obstáculo escatológico al Anticristo. Si los errores del comunismo fueron difundidos por la Unión Soviética y terminaron imponiéndose incluso dentro de la Iglesia, Rusia y Ucrania hoy pueden jugar un papel histórico en la restauración de la Civilización Cristiana".

Mons. Carlo-Maria Viganò,

Carta del 6 de marzo de 2022.

"No se puede hacer ni pensar Historia sin pensar en su Fin, el cual en todo movimiento gobierna la dirección. La Filosofía de la Historia es simplemente imposible sin la Teología".

Padre Leonardo Castellani

¿El Anticristo ya apareció? No. Eso no quiere decir sino que el Katéjon que lo retiene todavía no fue retirado. Este hecho cierto nos impone considerar qué es lo que todavía sigue reteniendo al Inicuo.

Cuando se habla del Katéjon, no suele hablarse de la Sma. Virgen María. Desde luego que San Pablo, cuando habla del Obstáculo, no hace mención de Ntra. Sra. pero, ¿acaso Ella no juega un papel cada vez más relevante, en los tiempos modernos, en su protección hacia la Iglesia militante, particularmente ante la disminución de sus poderes contra un mundo que se ha erigido con toda su soberbia como una Contra-Iglesia cada vez más explícitamente satánica? De allí que mencionemos Fátima en relación a este tema. Pero también, es necesario, y recién ahora algunos comienzan a verlo, considerar a Rusia y su papel en el curso de los acontecimientos vinculados a la Iglesia católica, a través del mensaje de Fátima. Algo de eso hemos dicho ya y queremos ampliar a partir de la guerra que se ha desatado en Ucrania.

"¡Es el Katéjon, estúpido!"

Podemos decir que, detrás de todos sus megaproyectos utópicos, detrás de todas sus agendas esplendorosas, de sus grandiosas proclamas, los revolucionarios de la era moderna no han hecho ni buscado otra cosa que –con sus mil variaciones tácticas, sus diferentes métodos, alianzas, instrumentos, proyectos, y programas, y la multiplicidad de agentes involucrados– intentar hacer desaparecer el Obstáculo, el *Katéjon* (ver San Pablo, Segunda carta a los tesalonicenses), para que al fin aparezca el Anticristo. Cada revolución –a sabiendas o no- le prepara el terreno, destruyendo paso a paso el orden forjado por el cristianismo, y aún lo simplemente humano, en tanto que el ser humano es la criatura por excelencia de Dios creado a su imagen y semejanza. La búsqueda constante de establecer un gobierno mundial, parece cada día más cerca de concretarse. Pero cerca no es aún haber llegado.

Antes de poder llegar a su objetivo, los revolucionarios mundialistas tienen en su mira el orden romano que civilizó la Europa, la propia Iglesia Católica como rectora espiritual y moral de los pueblos y naciones, la cultura cristiana de Occidente. Todo debe ser corrompido, destruido, demolido, borrado, "cancelado", a fin de alcanzar el objetivo final. Están más cerca de alcanzarlo ya que la última barrera podría ser –como afirman muchas opiniones- la Ley Natural, hasta el momento sostenida y protegida –teóricamente- tanto por el Derecho Romano como por la propia Iglesia Católica y los Estados que comprenden que no pueden continuar subsistiendo si adoptan la locura de la *contranatura*. Pero el Derecho está casi del todo demolido por las falsas leyes contranatura adoptadas por los gobiernos liberales democráticos, y la Iglesia modernista sodomizada ya se anima a "sacar del armario" la homosexualidad como debiendo ser tolerada y respetada, más quizás pronto reconocida y recomendada oficialmente. Recordemos que el nombre "Anticristo", que proviene de San Juan Evangelista, fue llamado por San Pablo el *"Á-nomos"*, es decir el sin ley (cf. 2 Tes 2, 8). Los gobiernos multiplican las leyes inicuas con el fin de disfrazar su odio a la Ley, en cuanto sujeción al orden objetivo de las cosas que ha creado Dios. Como dijo alguien, el diablo quiere rehacer el *Génesis* a su manera.

El "Gran Reinicio" con que nos amenazan los nuevos

gurús del pensamiento gnóstico-panteístico mundial, requiere hacer tabula rasa del pasado, pues en el reconocimiento de la gran historia del Occidente cristiano, pervive la Tradición que ha hecho llegar hasta nuestros días la fe verdadera y todas sus magníficas obras.

Es por eso que, en definitiva, por encima y más allá de todas las razones y explicaciones geopolíticas, económicas, históricas y sociales, más allá de los profundos, eruditos y extensos análisis de los especialistas que sobreabundan y escriben sobre la complejidad de lo que está pasando (no se trata de blanco o negro, como quieren los siempre activos conspiranoicos), y haciendo juego con una frase que se hizo muy famosa en los medios políticos norteamericanos en los años 1990, debemos decir, ahora más que nunca, como síntesis de lo que está ocurriendo en el mundo, esto: *"¡Es el katéjon, estúpido!"*. Porque sin eso no se explica nada de lo que acontece ni, sobre todo, hacia dónde quieren llevarnos.

Sin gobierno mundial no hay Anticristo, y viceversa

Comentando el capítulo 20 del *Apocalipsis*, cuando Satanás es soltado y persigue a los cristianos, el cardenal Louis Billot concluye que, para que esa persecución tenga el alcance allí previsto, debía ser realizada por un gobierno mundial: "Va de suyo igualmente que esta persecución está entonces en las perspectivas del porvenir. Pero lo que hay que observar, es que **ella supondrá necesariamente un estado del mundo donde todo podrá obedecer a un mismo orden, y ceder a una impulsión única.** Porque igual que en el pasado, las diez grandes persecuciones romanas -la de Diocleciano en particular que fue la más extendida de todas-, **tenían por causa de su generalidad la unidad y la cohesión del Imperio**, así y con más razón, **la persecución anunciada del Anticristo no será realizable, sino a condición de que haya una organización mundial** permitiendo una acción común bajo la conducción de un mismo jefe, colectividad o individuo, y **la dirección de un alto poder se impone de un extremo al otro**" (*La Parousie*, Paris, Gabriel Beauchesne, 1920. El resaltado en negritas es nuestro).

Cabe preguntarse si necesariamente un gobierno mundial debe ser dirigido por una sola cabeza, y si esa cabeza debe ser visible. En estos tiempos de tecnocracia y virtualidad, de dilución de la autoridad y anonimato, donde todo el mundo sabe que los presidentes de los países —"elegidos democráticamente por el pueblo soberano"- no gobiernan realmente sino que cumplen órdenes emanadas de instancias superiores provenientes del extranjero (logias, grupos privados, organismos internacionales, etc.), el poder en las sombras cree que más allá de las ocasionales figuras de recambio de la democracia, sería difícil la concreción de un organismo internacional visible y unánimemente representativo, pues ese proyecto hasta ahora viene fracasando en su propósito (llámese Liga de las Naciones, llámese ONU). Una red global de grandes capitalistas ha forjado una estructura autoritaria con infinitos tentáculos, con la pretensión de consolidar un sistema operativo mundial cohesionado bajo su dominio. Esto es lo que sería la **sociedad tecnotrónica o comunismo,** de la que mucho se viene hablando y uno de cuyos teóricos más "reputados" ha sido Brzezinski. La tecnología permitiría una transformación de la sociedad a fin de alcanzar esa gobernanza mundial tecnocrática, que tendría absolutamente todo "controlado". Decía este socio de Kissinger en la *Trilateral Comission: "Tanto la creciente capacidad para el cálculo instantáneo de las interacciones más complejas como la creciente disponibilidad de medios bioquímicos de control humano aumentan el alcance potencial de la dirección elegida conscientemente. [. . .] En la sociedad tecnotrónica, la tendencia parece ser hacia la agregación del apoyo individual de millones de ciudadanos no organizados [. . .] y explotar eficazmente las últimas técnicas de comunicación para manipular las emociones y controlar la razón. [. . .] Aunque el objetivo de formar una comunidad de naciones desarrolladas es menos ambicioso que la meta del gobierno mundial, es más alcanzable. [. . .] En China, el conflicto chino-soviético ya ha acelerado la ineludible sinificación del comunismo chino. [. . .]*

La "sinificación" del mundo es el programa que los tecnócratas tienen en mente, una sociedad "termitero" cuyo criterio es la sola eficacia económica, en beneficio de la élite gobernante. Pero ya sea que se trate de un conglomerado de naciones que responden a la misma directiva y realizan al unísono el mismo plan –eso se vio bastante bien coordinado durante la "pandemia" de Covid–, ya sea que se pretenda un solo organismo mundial bajo una cabeza, el problema persiste. En el primer caso, la sola existencia de naciones implica la existencia del sentimiento patriótico de sus habitantes, y entonces el peligro del nacionalismo y la resistencia contra el globalismo. En el segundo caso, alguien que sea capaz de hacer que todo el mundo "se ponga de acuerdo", sólo puede darse cuando las naciones (y antes que eso, destruidas las familias) hayan sido derrotadas, y aparezca el Anticristo. El acoso al patriotismo y al sano nacionalismo requiere –dado que naturalmente el hombre se apega a su terruño y se adhiere a su cultura– los grandes movimientos migratorios y la perversión de la naturaleza humana, lo cual se ha venido haciendo en las últimas décadas aceleradamente. Lo que se ha visto en 2020 en EE.UU. y otros países que lo imitan, cuando las hordas enardecidas comenzaron a "cancelar" todo su pasado y quemar sus propias banderas y derribar las estatuas de sus próceres, no es otra cosa que eso. Esta contra-evangelización que se ha ido imponiendo en todos los países, no debe detenerse y, por el contrario, se acelera cada vez más.

Una manera de implementación previa al gobierno visible mundial es la dependencia de los países de la Organización Mundial de la Salud (OMS), a raíz de la famosa "pandemia". De hecho las últimas informaciones dan cuenta de lo siguiente: "Las negociaciones para el "gobierno mundial de la OMS" en Ginebra comenzaron el 3 de marzo. De hecho, la OMS ya había planeado la "toma del poder" para el 1 de mayo de 2022. Luego, los 194 estados miembros se verían obligados a adoptar las medidas decididas por la OMS. Medidas como confinamientos, mascarillas obligatorias, vacunas generales obligatorias o Dios sabe qué otras "cosas sucias" a implementar. Plan de gobierno mundial de la OMS retrasado por ahora. Afortunadamente, un nuevo memorando del Concilium Europa ha retrasado este proceso por el momento. El sitio web del Consejo de la UE establece: "El órgano de negociación intergubernamental encargado de redactar y negociar este instrumento internacional celebrará su próxima reunión el 1 de agosto de 2022 para discutir el progreso en la preparación de un borrador de trabajo. Luego presentará un informe de progreso a la 76.ª Asamblea Mundial de la Salud en 2023, con el objetivo de adoptar el instrumento para 2024". Uno de los principales patrocinadores de la OMS es la Fundación Bill y Melinda Gates, como informó aquí Wochenblick. Entonces, quién tendría la palabra en el futuro, si este proyecto se lleva a cabo, está claro: la vacuna mundial Bill Gates" (https://www.wochenblick.at/great-reset/im-auftrag-von-gates-co-who-legennaechsten-grundstein-fuer-globale-gesundheits-diktatur/).

Pero no todo les va de maravilla a los conspiradores globalistas. A las resistencias generalizadas que se vienen dando todo el mundo, ahora la operación militar rusa en Ucrania ha venido a entorpecer y retrasar los planes mundialistas occidentales. De hecho desde el comienzo de esta crisis Rusia ha sido un dolor de cabeza, porque a regañadientes y de manera restringida se ha plegado a las medidas anti-pandemia –debido al choque de facciones que allí mismo se da entre patriotas y globalistas, Rusia en su interior tiene divergencias y quintacolumnistas que buscan descomponer el tejido social. En definitiva, la "pandemia" fue el inicio de la guerra mundial, y no nos habíamos dado cuenta. Lo de Ucrania es el segundo acto. Rusia se viene preparando hace años para esta contingencia. El asunto es si tiene tan claro cómo debe proseguir.

Rusia pateó el tablero

El tsunami de la perversión occidental avanzaba casi sin obstáculos, empuercando país tras país. "Matrimonio" sodomita, aborto, eutanasia, "educación" LGBT, "cambio" de sexo, desfiles del orgullo gay, lenguaje inclusivo, drogadicción, marxismo cultural, y una larga secuencia de flagelos estaba siendo impuesto exitosamente, por la fuerza del dinero, aunque democráticamente legislado, en todos los países, a fin de convertirlos en sumideros o cloacas, focos de inmoralidad y degradación suicida (¿quieren una sola muestra? Vean esta noticia aparecida cuando esto escribimos:

https://www.alertadigital.com/2022/03/11/un-gordo-que-se-define-como-una-persona-trans-no-binaria-da-una-charla-en-calzoncillos-en-un-acto-oficial-de-la-generalidad-de-cataluna/). Pero entonces aparece Rusia y patea el tablero, haciendo una política interna exactamente contraria y diciéndoles "¡No!" a tales imposiciones. La decadente subcultura anglosajona, no puede asentarse en Rusia.

Pero ¿esto es realmente así, o Rusia y Putin deben seguir bajo sospecha?

Decía con gran sabiduría Nicolás Gómez Dávila: "Los que defienden las revoluciones citan discursos; los que las acusan citan hechos". Hoy ocurre que, desde sectores "disidentes", "conspiracionistas" o "nacionalistas", para atacar a Putin citan discursos, pero dejan de lado los hechos. A la extensa caravana de los Rothschild, los Soros, los Schwab, Zuckerberg, Levy, Rey Carlos de Inglaterra, Zelenski, Biden, Macron y la larguísima serie de infames personalidades (la *crème de la crème* del poder judeo-masónico globalista) que atacan con sus palabras y con los hechos a Putin y a Rusia, al vastísimo conglomerado de la prensa mundial (que ya sabemos en manos de quiénes están, los "peatones del mar Rojo", como los llama un obispo) que bombardean con mentiras acerca de Rusia y Putin, ahora se vienen a sumar también (además de los católicos que se tragaron el Concilio: basta ver los torpes y soberbios comentarios de lectores en un conocido portal español) los "conspiracionistas", que afirman que Putin sería un judío agazapado, un alfil de la Sinagoga "cumpliendo parte del plan", un simulador que trabaja para Schwab (caramba, ¿entonces por qué el WEF que comanda éste acaba de expulsar a Rusia y hasta ha quitado toda referencia de Putin de su sitio web?). Pero, ¿qué pruebas aportan para sustentar sus dichos? Algunas fotos de Putin con kipá, alguna que otra declaración diplomática que es tomada por declaración de principios, y el hecho de que Rusia no se opuso a la farsa de la "Plandemia" y hasta fabricó vacunas.

Las simplificaciones tienen la ventaja de tranquilizar a las personas dominadas por la inquietud. El problema es que las cosas no son tan simples.

No vamos a hacer una defensa de Putin, porque no creemos que sea intachable ni mucho menos, evidentemente, y deploramos la herejía, el cisma, el chauvinismo y la influencia liberal de las que Rusia, en mayor o menor medida, no está exenta. Pero vamos a ver lo endeble de los argumentos de quienes acusan y condenan en base a supuestos, sospechas, o prejuicios, en algunos casos farisaicos. Como un norteamericano que en un blog afirma (al igual que decía Hillary Clinton): "Una vez KGB, siempre KGB". Con gente determinada a "pensar" así, ¿qué se puede argumentar? "San Pablo siguió siendo siempre Saulo": perdonen la comparación, pero así logra verse más fácil la clase de razonamiento petrificado ante el cual estamos. Hay gente "disidente" que actúa de la misma manera farisaica que los judíos ultraortodoxos, los cuales evitan hasta ser "tocados" por la sombra de una mujer, para no contaminarse. Así, hay conspiranoicos que creen que si tienen cerca un judío pierden su "pureza", y por eso la foto de un jefe de estado en compañía de judíos vendría a significar que ese jefe de estado no es "puro", sino un agente de los tales, implicado en sus planes perversos. Pero un jefe de estado tiene que cumplir su obligación y recibe todo tipo de personas, y es evidente que en Rusia hay muchos judíos y tienen su influencia. ¿Pretenden estos "disidentes" que Putin evite que le tomen fotografías con los judíos, o que impida que se publiquen? Estamos hablando de esto porque ellos aportan eso como "pruebas" de que sería "uno de ellos". Hay una ingenuidad increíble en algunos de estos "disidentes", crédulos en ciertos casos, e incrédulos en otros, sin discernimiento. Por ejemplo, creer que cuando Putin lanza un comentario ante determinado grupo, como los judíos, lo que dice es expresión de sus más profundas convicciones, y no simplemente una declaración ocasional, la cual en todo caso debería verse rubricada por su obra de gobierno, que es en definitiva lo que más interesa. Pero estamos en la era de Internet, donde la apropiación del conocimiento debe ser veloz y fácil. Subráyese lo de fácil.

Muy curioso que esta gente no se dé cuenta que se da la rara casualidad de que el líder supremo de Ucrania sea judío, cuando Ucrania sólo tiene un 0,2% de población judía. Y que todos los banqueros mundialistas judíos le están dando su apoyo a Zelenski. ¿Algo está pasando, no? Algo que está haciendo Putin les molesta, parece.

¿Se acordará esta gente que tanto los comunistas bolcheviques como los nazis de Hitler fueron financiados y sostenidos en su ascenso por los banqueros judíos de Wall Street? (Cfr. *Wall Street and the rise of Hitler*, Antony C. Sutton; *Big Business avec Hitler*, Jacques R, Pauwels) ¿Significa eso que Hitler o Stalin eran agentes de la Sinagoga? ¿Quién es en realidad el que está encima de quién? ¿Quién tiene control sobre quién? La historia no es tan sencilla como nos la quieren hacer creer, y múltiples factores pueden surgir para desviar de sus cauces previstos determinadas líneas rectoras, que parecían ya firmemente establecidas. Por cierto que a quien es dócil a la Sinagoga, el mundo no lo combate, sino que lo apoya, lo publicita y lo premia. Fue Putin, por cierto, quien descubrió –y no fue apreciado por los judíos por esto, ya que no lo dijo como cumplido- que el primer gobierno bolchevique estaba integrado por un 80% de judíos. Necesariamente, Putin debe bregar por el orden y la paz social en su país, algo extremadamente complicado, porque hay muchas corrientes que se oponen. Si hay allí un museo judío es porque en primer lugar, Putin es un conservador-liberal y no un autócrata, y necesita seguir una línea de conducta prudente donde pueda evitar conflictos innecesarios con ciertos factores de poder inevitablemente vinculados a los judíos, y así cuando habla con ellos dice lo que quieren escuchar. Pero, ¿eso determina su política? ¿Satisface Rusia a los judíos y cumple sus mandatos cuando, por ejemplo, construye tres iglesias por día donde resplandecen los iconos de Jesucristo y la Virgen María? Cuando debió meter en prisión a los oligarcas judíos, no le tembló el pulso. Lo hizo de movida en su gobierno, para que supiesen lo que podían esperar si no se atenían a determinadas pautas de conducta. Loa judíos que lo entendieron supieron cómo debían actuar. Los occidentales juzgan a los rusos de acuerdo a sus criterios occidentales, y a lo que ya conocen de sus deplorables políticos liberales. Pero quien se sumerge en la historia de Rusia, verá que es otra cosa. Allí no se andan con vueltas. Por eso está pasando lo que pasa ahora. Véase en la historia de los zares de Rusia, las mil y una disyuntivas que los rodearon y las actitudes no siempre uniformes o coherentes en todos ellos.

Para entender hasta qué punto el Kahal influye o no en un país, hay que analizar hasta qué punto y en qué medida hay en ese país persecución a los cristianos. Ésta puede darse de dos modos: 1) a la (norte) americana, es decir mediante la corrupción moral del liberalismo, la destrucción de las familias, la inmoralidad sexual, el maltusianismo, etc.; 2) a la soviética-china, es decir por el gulag, la prohibición directa y violenta del culto divino, asesinatos, etc. Quien analice la realidad de Rusia se encontrará con que la política de su actual gobierno no favorece ni lo uno ni lo otro.

Pero hay gente "disidente" que en vez de analizar la realidad, prefiere atenerse a los esquemas ya hechos. Si hubiesen vivido en época de Stalin, seguramente habrían dicho que éste simulaba su enfrentamiento con Occidente, cuando se sabe que Hitler fue "empoderado" para oponerse a Stalin. Como dijo el historiador argentino Alberto Ezcurra Medrano: "La rebelión de Stalin constituye sin duda el más grande fracaso del Judaísmo internacional. Primero, porque le impide lograr el dominio del mundo cuando parecía estar a punto de conseguirlo y segundo, porque lo coloca en la difícil situación de combatir al jefe del comunismo mundial sin combatir al Comunismo, que constituye una etapa decisiva e insustituible dentro del plan judío" (*Historia del Anticristo*, p. 210). El Padre Meinvielle decía respecto a ese tema: "Para comprender esto hay que tener presente que el comunismo fue introducido en Rusia por la Banca Mundial, a través sobre todo de Jacobo Schiff de la Banca Khun, Loeb and Co. Sin embargo, Stalin logró abrirse de sus amos, supo enfrentarlos en la Purga a que sometió a Trotzky, Kamenev y Zinoviev; luego volvió a hacer causa común con Baruch y a través de Baruch con Churchill y Roosevelt, quienes le regalaron la Europa oriental a cambio de la lucha contra Hitler. Terminada esta lucha Stalin volvió a campear por su independencia y por su ambición de dominar el mundo. El poder judío mundial que había planeado con el plan Morgenthau convertir a Europa en región agrícola, tuvo que desistir rápidamente de su plan frente a la industrialización de Rusia por Stalin y se puso a la tarea de industrializar Europa con el plan Marshall. La alta banca del Este americano ha ligado desde entonces sus intereses con el occidente europeo" (*El progresismo cristiano*, Cruz y Fierro editores, Buenos Aires, 1983, págs. 122-123).

No se olvide que las bombas atómicas arrojadas en Japón, no tuvieron otro motivo que amenazar a Stalin. Ya desde entonces los norteamericanos se dedicaron a promover el comunismo en China. Cambiando lo muchísimo que hay que cambiar, porque Putin no es Stalin ni se le parece, el curso de los acontecimientos estaba yendo muy favorable a los planes globalistas, hasta que apareció otro ruso que creyeron poder tener bajo su control. Pero algo ha fallado. Es precisamente ahora, a raíz de la guerra, que Putin está haciendo la purga interna de los elementos más liberales y antipatrióticos, vinculados a la élite globalista (un ejemplo: https://agendafatima.blogspot.com/2022/03/la-gran-restauracion-rusa.html).

Lo más risueño que hemos leído en uno de estos conspiranoicos es que "Putin controla la agenda sodomita en Rusia." ¡Vaya!

Sobre lo de la "Pandemia", hay que decir en principio que, no puede sorprender, representantes de la élite globalista tenían sus redes tendidas en Rusia y en cierto modo le torcieron el brazo a Putin. Pero decimos en cierto modo porque en Rusia las restricciones impuestas fueron mínimas y Putin jamás aprobó la vacunación obligatoria ni el pase sanitario. Sabía muy bien que los rusos eran reacios a esto y, evidentemente, no ha querido destruir la base social con que siempre ha contado su popularidad, así que allí las cosas estuvieron bastante relajadas, a pesar de los quintacolumnistas que han querido imponer como en Occidente un cierre absoluto (aquí un informe: https://www.anti-spiegel.ru/2021/die-unterschiede-zwischen-deutschland-und-russland-im-umgang-mit-corona/). Entiéndase, ¿cómo manejar un tema tan delicado, en un mundo vuelto de pronto hostil?

Imaginemos la demonización que está sufriendo ahora Rusia y especialmente Putin, los bloqueos y la guerra mediática, se habría producido entonces y con una gran complicidad de sectores liberales en su interior, que habrían pugnado por desestabilizar su gobierno. Sin dudas que se ha reconocido la "pandemia" como un acto de guerra, y una movida para desestabilizar todos los países del mundo, de manera de enfilarlos en una única dirección, la del gobierno mundial que quieren los "atlantistas" encabezados por Estados Unidos. Rusia se defendió de la manera que pudo –muchas veces mal- de tal ataque (que era exterior pero contaba con sus agentes interiores, incluso y especialmente en la prensa). Respecto de la acción de las vacunas rusas como medio de disminuir la población, no nos parece nada lógico: Rusia es un país con bajísima población y desesperadamente necesita aumentarla. Su vecino China –siempre amenazador- cuenta con mil cuatrocientos millones de habitantes; India, otros mil cuatrocientos millones; Pakistán, 220 millones. Rusia apenas tiene ciento cincuenta millones de habitantes. ¿Y todavía su gobierno va a querer reducirla más? Es completamente descabellado, absurdo además porque el gobierno tiene políticas de aliento –con aportes de dinero- para las familias numerosas. No cuadra de ningún modo.

Por cierto, ahora Rusia está siendo puesta "entre la espada y la pared" y probablemente quieren empujarla hacia una peligrosa dependencia de China. Pero para quienes creen que Rusia y China forman un solo bloque unificado, de vez en cuando hay que leer las noticias, como ésta: https://avia-es.com/news/kitay-otkazalsya-postavlyat-rossiyskim-aviakompaniyam-zapchasti-i-komplektuyushchie-k El papel que la élite del "Deep State" mundial puede querer asignar a China en este conflicto, aún está por verse. China es otro caso difícil y dentro mismo del gigante amarillo hay varias corrientes que se disputan –nada amablemente- el poder. Pero ese es otro tema.

Finalmente, otra crítica muy obtusa que hemos visto de parte de ciertos "disidentes", es citar –fuera de contexto- unas declaraciones de Putin donde dice que "El comunismo es muy parecido al cristianismo". Eso haría de Putin un comunista impío que se burla del cristianismo (¡!). Esas declaraciones realizadas en un video documental de una visita suya a un monasterio –uno de los tantos monasterios que ha protegido Putin en Rusia, seguramente el video ya lo habrán quitado de Internet nuestros protectores de Youtube-, vienen a ser parecidas a las que hacía el Padre Meinvielle, claro que mucho mejor expresadas, cuando decía: "El comunismo tiene, por ello, una raíz cristiana. No es un movimiento puramente pagano. Es una herejía del cristianismo hecha acción. El comunismo ha de ser ubicado en un contexto cristiano. Por ello también consideramos muy importante oponer a la utopía del comunismo la verdad de la ciudad católica, vale decir, la verdad total del cristianismo, el cristianismo completamente realizado en la ciudad católica". En palabras de Peter Kreeft: "El marxismo toma todos los factores estructurales y emocionales más importantes de la religión bíblica y les da una forma secularizada. Marx, como Moisés, es el profeta que libera al pueblo elegido, el proletariado, de la esclavitud del capitalismo llevándolo a la tierra prometida del comunismo a través del Mar Rojo de la sangrienta revolución mundial pasando temporalmente por un período de sufrimiento dedicado al partido, el nuevo sacerdocio. La revolución es el nuevo "Día de Yahweh", el día del juicio; los portavoces del partido son los nuevos profetas; y las purgas políticas dentro del partido para mantener la pureza ideológica son los nuevos juicios divinos de los Elegidos y sus líderes sobre la rebeldía. El tono mesiánico del comunismo hace que sea estructural y emocionalmente más parecido a una religión que a cualquier otro sistema, excepto el fascismo". También dio en la clave de su entendimiento Nicolás Gómez Dávila, para exponer el porqué de esta fuerza primaria que mueve al comunismo: "El fracaso de la ideología "liberal", "progresista", "radical", "humanitaria", "burguesa", promana de su total incompetencia religiosa. Porque ignoran las categorías religiosas, la sociedad se deshace en sus manos cuando gobiernan y las ideas se licúan en su cabeza cuando piensan. La fuerza del comunismo, de las ideas "revolucionarias" en general, nace del contacto íntimo que mantienen con los más hondos estratos del alma, allí donde terror, angustia, esperanza, entusiasmo, confundidos aún, indiferenciados aún, participan todavía de la vasta penumbra religiosa".

Está muy claro, y lo que indirectamente ha venido a decir –insistimos en el contexto, en un monasterio ortodoxo cristiano- es que el comunismo pretendió ser una religión sustituta del cristianismo. Pero como son inconciliables, y no pueden tenerse dos religiones a la vez, ergo, Putin, que es cristiano, no es comunista.

La unánime e histérica furia -propia de degenerados que entrevén obstáculos al ejercicio libre de sus depravaciones- con que las naciones occidentales han reaccionado frente a la "invasión rusa" a Ucrania, jamás ha sido visto en la historia. La campaña mediática de los medios masivos de desinformación está llegando a extremos ostentosamente ridículos, en su afán por demonizar a Rusia y a Putin (de quien están haciendo desaparecer todo video disponible en Youtube, haciendo pues lo mismo que hacía Stalin en las fotografías donde aparecían aquellos a quienes había exterminado). Hitler parece haber quedado muy atrás y al fin puede tomarse un descanso en su papel de villano serial, pues han encontrado un digno reemplazo en el nuevo dictador ruso, enemigo de la sociedad abierta, pluralista, democrática y gayfriendly, en definitiva, de la Humanidad. Todo este movimiento irracional, desde luego, tiene mucho más de religioso que de político, pues parece que el hasta ahora avasallante diluvio de inmundicia moral, que imponía en todas partes la corrección política, ha recibido una afrenta y ha chocado contra un nuevo telón de acero (como el Titanic contra el iceberg, si ustedes quieren). Como dijo recientemente el líder de la Iglesia ortodoxa rusa Kirill: "Hoy existe una prueba de lealtad a este poder, una especie de transición a ese mundo 'feliz', el mundo del consumo excesivo, el mundo de la 'libertad' visible. ¿Sabes cuál es esta prueba? Es muy simple y a la vez terrible: es un desfile gay. Las solicitudes para realizar un desfile gay se consideran una prueba de lealtad a ese mundo, tan poderoso, y sabemos que si las personas o los países rechazan esas solicitudes, se quedan fuera de ese mundo. Esto quiere decir que se trata de imponer por la fuerza un pecado condenado por la ley de Dios, y por lo tanto, obligar a las personas a negar a Dios y su verdad" (Visto acá: (https://www.alertadigital.com/2022/03/10/el-lider-de-la-iglesia-ortodoxa-rusa-la-guerra-en-ucrania-es-correcta-porque-es-contra-el-lobby-gay/)

A lo que vemos, no se trata, por tanto, de la sólo búsqueda del poder y la riqueza por parte de los conspiradores satanistas que dominan casi todo el mundo, sino de utilizar ese poder y esa riqueza para imponer un contracristianismo, la inmoralidad como una muestra de virtud, la aberrante contranatura, los vicios y perversidades como lo políticamente aceptables, en definitiva, el reinado del pecado, en una inversión absoluta del orden creado por Dios y sostenido por su Iglesia.

¿Acaso es difícil entrever la figura que, detrás de la escena (o quizás sea mejor decir, debajo) insufla este odio en los perversos, pues sabe que le queda poco tiempo, y Rusia está destinada a jugar un papel que el Cielo le ha asignado, para exaltación de la Madre de Dios?

Rusia, por supuesto, no es un país ejemplar en absoluto, pero han emergido de allí reservas que se han conservado gracias a su largo y heroico combate contra el comunismo y a su distancia de la influencia deletérea de los Estados Unidos y su deplorable y atractiva cultura liberal del placer que disuelve los caracteres viriles y sumerge en el confort y esteriliza toda reacción contra el mal. También gracias a su origen y pasado cristiano donde, a diferencia de los protestantes, ellos nunca han renegado de la Santísima Virgen, sino que, por el contrario, siempre le han profesado una gran devoción. Indudablemente que esto pesa y mucho en la balanza y en el espíritu de un pueblo.

El Obstáculo

¿Puede haber un gobierno mundial sin un gobernante mundial? No hay Imperio sin Emperador. Mismo la igualitaria farsa democrática requiere un presidente, y en la China un Secretario general del Partido Comunista. Si hoy los que en verdad gobiernan lo hacen desde las sombras, la autoridad del déspota –que eso será el Anticristo- no sólo requiere obediencia, sino también pública sumisión y adoración. Allí no cabe, pues, que existan disidentes.

De manera que si necesariamente, para la acción del Anticristo, en cuanto gobernante universal, se requiere un gobierno mundial absoluto que obedezca a sus mandatos, es lógico que todo lo que conspire contra la constitución de ese gobierno mundial unificado bajo un solo mando o cabeza, es un obstáculo o katéjon. Pero atención, sólo puede conspirar eficazmente contra ello una *"organiza-ción de la sociedad y del gobierno, mientras sea repre-sentativa del poder romano"*, como indicaba Newman. Veremos eso más en detalle.

Es San Pablo quien se refiere al "Obstáculo" dentro del misterioso pasaje en que habla del misterio de iniqui-dad (II Tes. 2, 3-12). El Apóstol habla del katéjon de dos maneras: primero como un principio o causa (*lo que le de-tiene*) y luego a modo de una persona determinada (*el que ahora detiene*).

Sobre la identidad del katéjon se ha venido discu-tiendo desde los principios de la Iglesia. Hay quienes han visto el Obstáculo en el Papado, otros en la Iglesia, otros en San Miguel Arcángel, otros en San José. Algunos teó-logos sostienen que lo que detiene la manifestación del Anticristo es la no conversión de los judíos. Pero en gene-ral la Tradición, una gran parte de los Santos Padres y des-tacados exégetas vieron el Impedimento u Obstáculo en el Imperio Romano, con su gran organización política, sus acertadas leyes, la disciplina de su ejército, y en general el orden que mantenía por todas partes (la pax romana) y que, una vez caído el Imperio, se ha continuado en la Cris-tiandad. De la misma idea es el Padre Álvaro Calderón: "Las misteriosas palabras que [San Pablo] les escribe a los Tesalonicenses en su segunda carta, donde habla de un «obstáculo» que detiene la operación del misterio de iniquidad sin duda se refieren – como lo han entendido todos los Santos Padres – al Orden romano (*quid deti-neat*) y en particular al poder político del César (*qui tenet*). Cuando poco después los judíos lo hagan apresar y quie-ran matarlo, San Pablo no dudará en apelar al César para impedirlo (Hechos 25, 11)" (*El Reino de Dios en el Vati-cano II*, pág. 78.)

Continúa su pensamiento en su gran obra *El Reino de*

177

Dios. La Iglesia y el orden político (Ediciones Corredentora, 2018): "Por la manera de hablar de San Pablo, que pasa del principio a la persona como hablando de la misma cosa, tienen que ser realidades casi equivalentes. Y así ocurre con el orden romano (quid) y el César que lo impone (qui). Es más, como hace Santo Tomás, del Imperio Romano se puede hablar como de una causa o principio, y como de una persona pública, de manera que en ambos casos se entienda exactamente lo mismo.

"Tiene que ser una cosa concreta y manifiesta, y no un principio teológico o una realidad espiritual de difícil conocimiento, porque San Pablo se refiere a ello con sencillez, como a cosa cuya comprensión no exige especial agudeza de intelecto. Pero a la vez debe ser algo de lo que pudo hablar oralmente, mas no convenía mencionar por escrito. Y todo esto vale para las autoridades romanas, asunto tan presente para los destinatarios y el remitente, del que hemos visto cómo evitaban siempre los Apóstoles hablar de manera expresa por prudencia.

"Yendo más al fondo del asunto, **como se trata de un principio que se opone como contrario a aquello que llevará al triunfo del Anticristo, debe ser una realidad del mismo género**: "contraria sunt in eodem genere, los contrarios están en el mismo género". Ahora bien, **Satanás impondrá el Anticristo moviendo los poderes políticos mundanos para perseguir la Iglesia**: "El diablo –dice Santo Tomás-, en cuya potestad viene el Anticristo, ya empieza a obrar ocultamente su iniquidad por medio de tiranos y seductores, porque las persecuciones de la Iglesia de aquel tiempo son figura de aquella última persecución contra todos los buenos, y son como imperfectas por comparación a ella". **Por lo tanto, hay que pensar que lo que detiene la manifestación del Anticristo sean poderes políticos**

fuertes que la divina Providencia haya puesto al servicio de la Iglesia de Jesucristo. Y esto es justamente, como hemos venido señalando, lo que sabían todos los cristianos desde el inicio: que Roma se rendiría a Cristo y protegería su Iglesia" (P. Calderón, *El Reino de Dios*, págs. 417 a 419).

De la misma opinión y siguiendo el curso de esta línea, el Padre Emmanuel decía: "...los masones se oponen ante todo y por encima de todo a la restauración del *poder cristiano*. **Que un príncipe se anuncie como cristiano, todos los medios son puestos en obra para desembarazarse de él. Debe hacerse a cualquier precio. En consecuencia, el poder político cristiano es lo que impediría a la secta alcanzar su objetivo**" (*El drama del fin de los tiempos*, abril 1885).

Algo que uno podría preguntarse es, ¿por qué San Pablo lo menciona de este modo doble? ¿Acaso no sería una obviedad o redundancia que, si tratándose del Imperio *lo que detiene*, luego hable de *el que detiene*, siendo que si es el Imperio, también lo es el Emperador que está a su frente, pues si hay Imperio hay Emperador? ¿Acaso, como sostienen algunos, dado que nuestro combate no sólo es en el terreno de lo meramente terreno, sino también en el campo de lo sobrenatural, "contra los principados, contra las potestades. Contra los poderes mundanos de estas tinieblas, contra los espíritus de la maldad en lo celestial" (Ef. 6, 12), no es posible que San Pablo haya señalado la vinculación entre el que detiene en lo espiritual, y lo que lo detiene en lo terreno? Aquí sí se podría hablar de los que sostienen la tesis de que sería San Miguel Arcángel *el que detiene* la manifestación del Inicuo, sosteniendo el Imperio o el Orden romano. Cabe señalar los atributos incomparables del Príncipe de la milicia celestial: no sólo es el Jefe de esta Milicia celestial, también es el encargado de proteger al Pueblo de Dios, asimismo el protector de la devoción al Sagrado Corazón, y ha aparecido reiteradamente en las manifestaciones marianas, particularmente en Fátima. Por si fuera poco, tras su terrible visión profética, el papa León XIII consignó la oración a San Miguel que se dispuso rezar al final de la Misa tradicional. Entre otras cosas desastrosas, el Concilio Vaticano II, quitando la Misa tradicional, quitó esta oración que, además, se reza por la conversión de Rusia. Desde entonces, desaparecido mayoritariamente ese "katéjon" en la oración pública de la Iglesia, las cosas se han desbarrancado estrepitosamente. A Dios gracias y especialmente a través de Mons. Lefebvre la Misa continuó rezándose, y así la invocación a San Miguel se mantuvo viva.

Para ayudarnos a intentar comprender cuál podrá ser hoy todavía ese katéjon –que todavía existe, puesto que no ha aparecido aún el Anticristo, o, mejor dicho, aún no se ha manifestado públicamente-, permítanos el lector citar un interesante texto del Padre Castellani, en su "Apokalypsis de San Juan":

"La exégesis patrística se hizo dos curiosas imágenes contrapuestas del Imperio Romano; por un lado, él es la Fiera; por otro, él es el *Obstáculo* que impide la manifestación de la Fiera; con la añadidura de que piensan el Imperio Romano -o al menos, la Romanidad— durará hasta el Anticristo.

Es que el Imperio de Augusto - y de Nerón - realmente presentaba a los cristianos primeros dos aspectos contrapuestos. Desenredemos este enigma.

Por un lado, el Imperio representaba simplemente la Civilización: con su estricta y hasta hoy insuperada organización política, modelo de las naciones modernas; con su genio jurídico, su ejército disciplinado, su flexible organización federal, mantenía el Orden Romano en los numerosos pueblos que lo componían. "Hay que obedecer al Emperador", ordenaban a los fieles San Pedro y San Pablo; el cual "apela al Cesar", que al fin habrá de hacerlo decapitar. Él es el *Katéjon*.

Oigamos a San Pablo: "¿Os es lícito a vosotros azotar a un ciudadano romano sin haberlo juzgado?". Ya estaba amarrado a la columna, y el Centurión despavorido - y el Tribuno también más tarde- lo suelta de inmediato, como si fuera un Oficial inglés: "habeas corpus".

Pero el Emperador -diez Emperadores consecutivos— era el atroz perseguidor de los cristianos: San Juan ve en él la imagen del Anticristo.

Si el primero de los Césares y que les dio su nombre, el verdadero creador del Imperio, pareció merecer trono y diadema por su genio personal; si el segundo los justificó más o menos por una cierta medida de piedad y de sensatez política; el tercero fue un monstruo, y tuvo por sucesores no pocos idiotas y dementes. Este era el otro aspecto que, enorme y todo, no conseguía derrotar en los cristianos la confianza en la estructura civilizada de la sociedad, de que el Cesar era la clave de arco. De modo que cuando los Santos Padres siguientes opinan el Anticristo futuro restaurará el Imperio de Augusto, miran más bien este último aspecto. El Emperador Plebeyo imitará a Augusto, o más bien a Nerón, primeramente en la guerra a Cristo; también en la rigidez implacable, la organización cerrada, y el poder absoluto y "totalitario" de la creación de Julio César: la inhumanidad del paganismo, que pondera San Pablo. Y que el Imperio durará hasta el Anticristo, se halla fácil en Daniel; el Profeta que parece hallarse como un puente entre el Antiguo Testamento y el Nuevo Testamento. De modo que cuando se partió en dos primero, y después en muchas partes (siglo *V,* Rómulo Augústulo) los Padres persistieron en verlo subsistente en forma de Romanidad, de Orden Romano; la Iglesia y el Ejército mantenían el orden esencial y la actividad civilizadora en el enorme cuerpo; cosas a que los últimos Emperadores realmente no habían ayudado mucho, más bien al contrario, San León Magno, en su *Sermo de Apostolis* tranquilamente afirma que el Imperio subsiste en la Cristiandad, mejorado incluso. Y esa idea va a seguir reinando durante todo el Medio Evo, afirmada rotundamente por Santo Tomás: "¿Cómo es que el Imperio ha caído, y no ha aparecido el Anticristo? "No ha caído", responde sin más el Aquinense" (*El Apokalypsis de San Juan*, Excursus l. El Imperio. P. 278 y ss. Editorial Vórtice, Buenos Aires, 2005).

Pues bien, dándole amplitud al sentido del "imperio romano" como garante o difusor de cierto orden social cristiano que impide la aparición victoriosa del Anticristo, cuyo espíritu de revuelta, anarquía, degeneración e impiedad ya se ha difundido exitosamente hasta cooptar las sociedades occidentales, y si también "el Imperio durará hasta el Anticristo", ¿de qué manera ese "orden romano" es hoy subsistente? Porque, como es lógico, **si el Anticristo todavía no es manifiesto, es porque el obstáculo continúa**. Cierto, muy débil, porque la ideología del Anticristo ha ocupado casi todo el mundo, mismo el interior de la Iglesia, pero aún así, está allí.

Haremos algunas consideraciones al respecto:

1) "Hay que pensar que lo que detiene la manifestación del Anticristo sean poderes políticos fuertes que la divina Providencia haya puesto al servicio de la Iglesia de Jesucristo" (P. Calderón). Que la divina Providencia haya escogido un poder político fuerte para su servicio, no significa que necesariamente ese poder político resida en Roma, o que sea claramente consciente del papel que está

jugando.

2) Al igual que el Imperio Romano representaba dos aspectos contrapuestos, así también ocurre con Rusia: ha sido el azote de los cristianos cuando fue comunista y se llamaba U.R.S.S., mas luego abandonó el comunismo y retomó el cristianismo (aunque no católico o romano). Como afirma Castellani del Imperio romano: "...por un lado, él es la Fiera; por otro, él es el *Obstáculo* que impide la manifestación de la Fiera", lo mismo puede decirse de Rusia: es la Fiera comunista que debe consagrarse, pero luego se convierte en Obstáculo (en el medio hubo algunas consagraciones incompletas o a medias, por decir así, y una sucesión de hechos sorprendentes en aquel país donde el comunismo estatal parecía inexpugnable).

3) Si el katéjon sigue existiendo, ¿está en Occidente? Absolutamente no. Todos los países que fueron católicos, han abrazado la contranatura y legislado en favor de la perversa ideología de género, aprobando oficialmente el "matrimonio homosexual", "cambio de sexo", aborto, eutanasia, corrupción infantil, más un largo etcétera, destruyendo el tejido social y la convivencia, corrompiendo la Familia, el Derecho, las Fuerzas Armadas y prácticamente todo el orden civil, ahora sumido en la más completa anarquía. Por el contrario, aun con sus errores, en Rusia la Iglesia, el Ejército y la Patria, estas tres instituciones más la Familia (y el derecho y acceso a la propiedad privada), constituyen los pilares básicos con que el orden del "Imperio" se sostiene. Sin eso el cristianismo no puede sobrevivir.

4) Otra cosa interesante dijo el Padre Calderón: "Y esto es justamente, como hemos venido señalando, **lo que sabían todos los cristianos desde el inicio: que Roma se rendiría a Cristo y protegería su Iglesia**". En efecto, si San Pablo les había comunicado

que el katéjon era el Imperio Romano, entonces sabían que en algún momento se convertiría, lo que ocurrió en 313 con Constantino. Del mismo modo, **los católicos sabemos** –porque la Virgen nos lo anunció en Fátima- **que Rusia se convertirá**: Rusia que por entonces era un flagelo. Entonces, por analogía, Rusia es hoy el Imperio Romano que finalmente será quien defienda a la Iglesia de Cristo (es decir, la Católica, Apostólica, Romana) de sus enemigos. Ya mencionamos eso e incluso la llamativa coincidencia de fechas: 13 de junio de 313 fue el edicto de Milán, y 13 de junio de 1929 la Virgen pidió la consagración de Rusia. (Ver nuestro artículo: Como el Imperio Romano,Rusia se convertirá).

5) Respecto de la cabeza del Imperio, en este caso Vladimir Putin, destaquemos que hay en la historia rusa tres Vladimir que le han marcado su destino: Vladimir de Kiev, fue quien la volvió cristiana; Vladimir Lenin, quien la volvió comunista; y Vladimir Putin quien la sacó del comunismo para llevarla al cristianismo. Le falta el paso final y decisivo: llevarla a la Iglesia Católica. Dos datos interesantes se vinculan a este líder: alguien que pertenece al cisma ruso afirma que es su iglesia (ortodoxa rusa) el katéjon, debido a que, de acuerdo a Daniel, capítulo 12, 1, cuando se habla de la liberación del pueblo de Dios, se afirma: "En aquel tiempo se alzará Miguel, el gran príncipe y defensor de los hijos de tu pueblo; y vendrá tiempo de angustia cual nunca ha habido desde que existen naciones hasta ese tiempo. En ese tiempo será librado tu pueblo, todo aquel que se hallare inscrito en el libro". Ahora bien, esto se vincula a Putin como figura de San Miguel, ya que Putin fue bautizado el día de San Miguel Arcángel, y su nombre religioso es Miguel. Pero hay un detalle que el tal expositor "ortodoxo" no menciona (¿por qué será?), y es lo que debería hacerse si se quiere completar el cuadro de la apropiación simbólica que se pretende, y es el siguiente dato:

Vladimir Putin nació el 7 de octubre de 1952, es decir, el día de la fiesta de Nuestra Señora del Rosario. Recordemos que en Fátima la Virgen insiste en cada aparición para que recemos el santo Rosario. Tanto la Virgen como San Miguel aplastan la cabeza del dragón o satanás.

6) Agreguemos a estos datos varios signos llamativos que se han ido dando: significativamente, el Muro de Berlín cayó en un día 9 de noviembre, que es el aniversario de la primera dedicación pública de una iglesia, la Archibasílica del Salvador, hoy San Juan de Letrán, en Roma en 324, en tiempo de Constantino. La URSS fue disuelta un día 8 de diciembre, fiesta de la Inmaculada Concepción. La bandera comunista se arrió del Kremlin un 25 de diciembre, Navidad para nosotros los católicos (para los ortodoxos es el 6 de enero). Podemos recordar acá que Santa Teresa del Niño Jesús es oficialmente –proclamada por el papa Pío XI- la santa protectora de los rusos, y en 1999 sus reliquias visitaron Rusia, donde recorrieron más de 30.000 km. a lo largo y ancho de todo el país, pasando incluso por frente a los muros del Kremlin en andas de los guardias rusos. Ese mismo año, asumió Vladimir Putin el gobierno de Rusia. Ante la apabullante secularización del Occidente alguna vez cristiano, donde la influencia de la Iglesia católica es inexistente en la esfera pública, frente a la disolución de las religiones, las naciones y hasta la identidad sexual en la moribunda Europa en manos de la masonería, en Rusia, a pesar de sus problemas internos y la pesada herencia del comunismo, el valor de lo sagrado ha constituido un eje sobre el cual se ha construido la defensa de su identidad nacional inexpugnable. ¿Acaso son pocos los signos favorables que se están viendo?

Conclusión: si hoy existe un katéjon, y lo hay puesto que el Anticristo no ha aparecido, no puede ser otro que

Rusia. De modo tal que, en la guerra que se está desarrollando, todos los enemigos de Cristo en Occidente -los de Oriente se mantienen expectantes- que apuntan sus cañones contra Rusia, no buscan sino quitar de en medio ese gran obstáculo que impide la conformación del proyectado Nuevo Orden Mundial anticristiano, que haría posible la entronización del Anticristo. Por lo tanto, siendo esto así, cabe preguntarse: en este conflicto, ¿un católico puede considerarse neutral?

Pero si hay alguien que no ha permanecido neutral, a pesar de querer mostrar que lo es, y en cambio ha tomado partido por Ucrania -que en realidad no es otra cosa que un territorio ocupado y usado vilmente por la OTAN, y que comenzó a ser liberado por Rusia-, es el Vaticano, que por supuesto hace décadas abrazó la causa del Nuevo Orden Mundial enemigo de Cristo, recordemos que ya en su tiempo hablaba Monseñor Lefebvre de la "Roma anticristo". Con la "pandemia" se vio más claro que nunca. Ahora, sin que Francisco condene directamente a Rusia, ha dejado clara su postura, en nombre de un pacifismo que no es cristiano, y está tratando de sumar detrás de él a todos los obispos del mundo, involucrando a la Iglesia en lo que sería una falsa paz —la que había hasta ahora no era una verdadera paz sino la paz liberal del demonio- , por lo cual el panorama que asoma es terrible. Si no se consagra realmente y como pidió la Virgen a Rusia, esperando su conversión y la difusión de la devoción reparadora al Corazón Inmaculado de María en todo el mundo, a fin de que venga el triunfo de ese Corazón Inmaculado, entonces todo va a empeorar.

Por eso hay que ser realistas de frente a este anuncio de la consagración, de la cual aún no conocemos el texto. Los modernistas, embanderados del lado del occidente apóstata, quieren que cese la guerra entre Rusia y Ucrania, o sea que vuelva a como estaba antes, una Ucrania armándose y preparándose para ser parte de la OTAN, en su avance hostil hacia Moscú. Pero como esta es una guerra contra el occidental liberal y satanista (esto no es una hipérbole, por supuesto, allí las élites adoran a Satanás y existe un culto reconocido y aprobado por el Estado), eso sería catastrófico: Rusia no puede retroceder.

El ex comandante de las fuerzas especiales australianas Riccardo Bosi, dijo sobre Ucrania: "Ucrania es el centro del Estado profundo. Es la cabeza de la serpiente y Vlad le está quitando la cabeza". "Ucrania ha sido el centro de los globalistas durante décadas y décadas... La CIA ha estado trabajando en Ucrania durante 70 años". "No hagáis caso de toda la cháchara sobre la guerra nuclear y los intentos de Rusia de apoderarse del globo. Todo lo contrario. Investiga por ti mismo y deja de ver los medios de comunicación dominantes". Si lo que dice este hombre es cierto, y parece lo sea, entonces se entiende más el porqué de la furiosa reacción de Occidente contra Rusia y por qué también están intentando esta movida de Francisco y Fátima.

No es desubicada esta hipótesis: la supuesta consagración podría ser un primer acto de avance —mediático-contra Rusia; mostraría que Occidente no quiere otra cosa que la paz. Luego vendría un atentado de falsa bandera con armas químicas, por parte de la OTAN, atribuido a los rusos, tan diabólicos que ni siquiera se someten a la piadosa plegaria a la Virgen. Entonces, ya agotadas todas las instancias, y vista la monstruosa e irredimible intención del tirano ruso Putin, la OTAN decide el ataque y estalla la Gran Guerra en el resto de Europa.

Esperamos que esto no pase de una hipótesis y que se produzca un milagro, el próximo 25 de marzo. Como fuere, y puesto que, como prometió la Santísima Virgen, Rusia será consagrada y que, aunque tarde, se convertirá, y al fin su Corazón Inmaculado triunfará, la guerra no podrá dar como vencedor al impío, perverso y satánico imperio de mentiras que la judeo-masonería ha erigido del otro lado del mundo, en la "tierra de la libertad".

¡Viva el Sagrado Corazón de Jesús y el Corazón Inmaculado de María!

CONSIDERACIONES SOBRE LA CONSAGRACIÓN DE RUSIA AL CORAZÓN INMACULADO DE MARÍA: ANTECEDENTES Y SIGNIFICADO

1. ANTECEDENTES

--En mayo de 1952, la Santísima Virgen le dijo a la Hna. Lucía: **«Haced saber al Santo Padre que espero siempre la consagración de Rusia a mi Corazón Inmaculado, sin esta consagración, Rusia no se convertirá más ni el Mundo podrá ver la Paz».**

--El 7 de Julio de 1952 Pío XII consagra Rusia al Corazón Inmaculado de María. **Sin embargo no fueron cumplidas todas las condiciones exigidas:**

-no fue hecha explícita referencia a la devoción reparadora de los cinco primeros sábados del mes;

-el acto solemne de reparación no estuvo explícitamente hecho;

-el Papa no ordenó a todos los Obispos del Mundo unirse a él en este acto de consagración.

Ese mismo mes, la Hna. Lucía escribe: **«Estoy dolorida porque la consagración de Rusia no ha sido hecha aún como la Santísima Virgen la había pedido».**

--El 21 de Marzo de 1982, se le pidió a la Hna. Lucía

que le explicara al Nuncio en Lisboa lo que Nuestra Señora quería del Papa. Dijo que el Papa tiene que escoger una fecha, ordenar a los obispos del mundo entero, que cada uno en su catedral, y al mismo tiempo que el Papa, **haga una ceremonia solemne y pública de reparación y consagración de Rusia a los Sagrados Corazones de Jesús y de María.**

--En carta al Papa del 12 de mayo 1982, vísperas del acto y de un encuentro privado con él, **la hermana reafirma sin ambages el pedido del Cielo:**

"A Su Santidad Juan Pablo II humildemente expongo y suplico: La consagración de Rusia al Corazón Inmaculado de María en unión con todos los obispos del mundo (...) La tercera parte del secreto: Se refiere a las palabras de Nuestra Señora: 'Si no, difundirá sus errores por el mundo, promoviendo guerras y persecuciones contra la Iglesia. Los buenos serán martirizados, el Santo Padre tendrá mucho que sufrir, varias naciones serán aniquiladas' (...) *Porque no hemos atendido a ese llamado del mensaje, verificamos que se ha cumplido. Rusia ha ido invadiendo el mundo con sus errores. Y si no vemos todavía el hecho consumado del final de esta profecía, vemos que hacia allí vamos a largos pasos..."*

--El 19 de Marzo de 1983 Sor Lucía se reúne otra vez con el Nuncio. El texto preparado para él terminaba así: **«La Consagración de Rusia no se ha hecho como Nuestra Señora ha pedido.** No se me permitió hacer esta declaración porque no tenía el permiso de la Santa Sede».

--"Entrevistada en 1985 por el *Sol de Fátima*, cuando se le preguntó si el Papa había cumplido la petición de Nuestra Señora con la consagración de 1984, Hna. Lucía respondió: "*No hubo la participación de todos los obispos ni se mencionó a Rusia*". Indagada luego: "*¿De modo que no se hizo la consagración como la pidió la Virgen?*" Respondió: "*No. Muchos obispos no dieron importancia a este acto*".

--En Mayo de 1989 al Cardenal Law, de Boston, Sor Lucía le dijo sobre la consagración del 25 de Marzo de 1984: "... El Santo Padre se justificó (diciendo) que ha sido hecha, hecha de la mejor manera posible bajo las circunstancias. ¿Hecha sobre el camino angosto de la consagración colegial que **Ella ha exigido y ha estado esperando**? No, eso no se ha hecho".

--En Julio de 1989 ante tres testigos, el P. Messias Coelho, revela que Hna. Lucía acaba de recibir una instrucción anónima vaticana, según la cual ella y sus compañeras quedan obligadas a decir que la Consagración de Rusia fue realizada válidamente el 25 de marzo de 1984.

Fuentes:

-Dominicaines Avrillé, "*Chronique d'une résistance à la grâce*". Le Sel de la terre n° 53, Verano 2005.

-P. Antonio María Martins, SJ, *El futuro de España en los documentos de Fátima*.

-José María Zavala, *El secreto mejor guardado de Fátima*.

191

2. ALCANCE Y SIGNIFICADO DE LA CONSAGRACIÓN DE RUSIA REALIZADA SEGÚN EL PEDIDO DE LA VIRGEN

Si hasta ahora la consagración pedida por la Virgen no ha sido realizada, es porque eso significaría un compromiso doctrinal cuyas consecuencias tendrán una inmensa repercusión en primer lugar para la Iglesia, cuyas autoridades modernistas se verían involucradas en un camino de regreso a la verdadera doctrina católica. Sería una verdadera Contrarrevolución.

Veámoslo en resumen, tomado de la revista tomista francesa *Le Sel de la terre*, numéro 53, Été 2005:

"Un acto tal sería ya un primer paso en el retorno a la Tradición: el acto de consagración de Rusia es un acto que debe ser impuesto por el papa personalmente (**contra la colegialidad**), que afirma su autoridad sobre Rusia (**contra el cisma ortodoxo**), que valoriza la mediación de la Santa Virgen (**contra el falso ecumenismo con los protestantes**), al cual está ligado la conversión de un país en tanto que país (**contra la libertad religiosa**); la devoción reparadora de los cinco primeros sábados de mes recuerda que el pecado ofende a Dios y que debemos rezar y sacrificarnos para impedir que caigan las almas al infierno (**contra la nueva teología**)"

Las condiciones de la consagración son precisas, y el resultado no sería meramente la "paz" (paz que para los modernistas viene a ser que no haya un enfrentamiento militar, porque para ellos no hay guerras justas) sino que tendría un alcance a todo nivel, empezando por la misma Iglesia. Pero la negación a favorecer la devoción al Corazón Inmaculado, a realizar la consagración de Rusia, y a dar a conocer el texto del Tercer secreto de Fátima, todo ello está enmarcado en la nueva "mariología" surgida del Vaticano II. Esto ha sido necesario para poder avanzar en el ecumenismo con los protestantes y los otros cultos, preocupación predominante del neo-magisterio conciliar. Así pues, la Santísima Virgen María pasó a ser el obstáculo a tal política de diálogos con los herejes. Como resultado, los protestantes no se ha vuelto católicos, pero los católicos se han protestantizado. Mucho nos tememos que se pretenda hacer ahora de este acto de consagración una medida piadosa para aplacar a Rusia y así ésta detenga su tarea de remoción de la inmundicia liberal que los conspiradores occidentales dejaron en un territorio que ha sido siempre parte de su nación. Pero como sabemos, la devoción al Corazón Inmaculado exige reparación y conversión, sin lo cual el castigo del Cielo seguirá pendiendo bajo amenaza de una guerra mundial. Si se pretende manipular a la Virgen para hacer de Ella una cándida pacifista que desearía la fraternidad universal masónica de todas las religiones, pues entonces estaremos en graves problemas y las consecuencias serán catastróficas, porque la impiedad, la apostasía, y el diluvio de perversiones y pecados que estamos presenciando, tendrán que llegar en su momento a su final. Y Rusia será ese instrumento de Dios, que primero derramó sus errores, y ahora tendrá que combatirlos, si pretende sobrevivir.

¡Viva el Sagrado Corazón de Jesús y el Corazón Inmaculado de María!

LÍNEA MEDIA CONFORME Y ACOMODADA CON LA CONSAGRACIÓN REALIZADA POR FRANCISCO

"Nuestra Señora, en Fátima, en su pedido, sólo se refiere a la consagración de Rusia."

(Hna. Lucía)

El diablo es muy astuto. Su marca de fábrica es la confusión, el enredo, la ambigüedad y la anestesia aplicada a quienes quiere que dejen de pelear por los derechos de Cristo Rey y por cumplir la voluntad del Cielo manifestada claramente a través de las apariciones de Fátima. Un artículo publicado recientemente en dos sitios web en español, emitido por un sector de la línea media (se trata de esa pequeña parte de la Iglesia conformada por personas apreciables y que manifiestan una aproximación a la Tradición, pero que no dejan de permanecer apegados o adheridos al Concilio, o al Novus Ordo o a las autoridades modernistas romanas que combaten la Tradición; en algunos casos caen en la actitud de pretender sentar cátedra sobre doctrina contrarrevolucionaria ignorando olímpicamente al mayor contrarrevolucionario que dio la Iglesia en el siglo XX, que fue Monseñor Marcel Lefebvre), da muestras de conformidad con el acto de consagración de Francisco. Según esa opinión, ya se habrían cumplido las peticiones de la Virgen. Mayoritariamente, los lectores de tales escritos se apresuran a coincidir. De manera tal que, ¡albricias!, sólo resta esperar de un momento a otro la conversión de Rusia y la paz prometida al mundo (el atículo referido puede leerse en este enlace: https://www.quenotelacuenten.org/2022/03/26/nuestra-opinion-sobre-la-consagracion-de-rusia-al-inmaculado-corazon-de-maria/)

La verdad que este sensacional, este trascendental anuncio es dado de una manera tan tímida, apagada y poco entusiasta, que uno no puede sino pensar que ni el emisor mismo cree lo que dice. Uno que cree que realmente el papa ha cumplido al fin –idespués de casi cien años!- con el pedido de la Santísima Virgen, debería mostrar su júbilo legítimamente descomedido, ante un acto de suprema importancia para el futuro de la Iglesia y todo el mundo. Pero no, no es así, y no ha sido así en ninguna parte del mundo. Nadie ha celebrado lo que habría sido una respuesta fiel a la voluntad del Cielo. Nadie. Cero entusiasmo.

Comenzamos hablando del diablo porque es evidente el juego que puede hacer jugar a ciertos opinadores "parresíacos" (de los cuales descontamos, desde luego, su buena fe) insertos en la estructura de la Iglesia conciliar (como dijera Mons. Benneli) o modernista que asfixia y falsifica la doctrina católica con la nueva doctrina de ruptura surgida del Vaticano II. El asunto es que **si ya se cumplió el pedido de la Virgen, entonces ya no hace falta rezar más para que se haga la consagración de Rusia. El truco del diablo funciona. Fátima ha quedado en el pasado. Podemos enterrarlo.**

Es interesante constatar las trabas, las presiones, las dificultades de todo tipo que ha interpuesto el maligno a un acto tan sencillo, como es la consagración de una nación y la difusión de una devoción en la Iglesia. Lo cual, teniendo en cuenta los acontecimientos que desde 1917 se vienen sucediendo, nos deja ver hasta qué punto llega **el**

195

miedo que Satanás tiene a que se cumpla el pedido de la Virgen.

Ocupémonos un momento del artículo de marras:

"Mientras regresábamos ayer desde Roma, luego de celebrar misa en la cripta de la Basílica de San Pedro, se realizaba allí una hermosísima ceremonia, con liturgia penitencial, posibilidad de confesarse individualmente con muchísimos confesores, cardenales, obispos y sacerdotes, amén del cuantioso pueblo fiel".

Como bien remarcó alguien, el día de la Anunciación a María, de la Encarnación de Nuestro Señor, es para los católicos un día de gran fiesta, no un día de penitencias. Es un día tristísimo para el diablo, que con el **fiat** de María comienza a ser derrotado. No es un día de liturgia penitencial, por más que se esté dentro de la Cuaresma. Si se pretendiese hacer penitencia, deberían haberse mencionado las ofensas contra el Corazón Inmaculado, cuya devoción de los cinco primeros sábados de mes ha venido a reparar. Pero no, Francisco ha preferido que los católicos disminuyesen la gran fiesta donde comienza su Liberación, por una penitencia contra los atentados a la fraternidad humana de color masónico, que tanto pregona.

Vamos a ver los siguientes párrafos del artículo, intercalando nuestros comentarios en MAYÚSCULAS:

"¿Qué se puede decir, pasado ya un día?

1) Que el texto utilizado podría haber sido mejor y más explícito pero, en el párrafo 3 de la consagración, están los requisitos esenciales pedidos por la Santísima Virgen: a) uso de la palabra «consagración». b) especialmente de Rusia [**LA VIRGEN NO PIDIÓ LA CONSAGRACIÓN *ESPECIALMENTE* DE RUSIA SINO *ÚNICAMENTE* DE RUSIA**. LA HERMANA LUCÍA LO DIJO MUCHÍSIMAS VECES] c) al Corazón Inmaculado de la

196

Virgen.

2) Los obispos del mundo se sumaron (cosa que hubiese sido difícil en tiempos de Benedicto, a quien no siempre los obispos le obedecían (a diferencia de lo que sucede con Francisco, por su férreo modo de gobernar). [COMO SE VERÁ EN OTRO ARTÍCULO DE NUESTRO BLOG, ESO ES CIERTO, PERO EL DIRECTOR DE LA PONTIFICIA ACADEMIA MARIANA INTERNACIONAL DEL VATICANO AFIRMA QUE SE TRATÓ DE UN ACTO SINODAL, MÁS QUE UNA CUESTIÓN DE OBEDIENCIA A LA JERARQUÍA DEL PAPA. NO OLVIDEMOS QUE SE ESTÁ LLEVANDO A CABO EL SÍNODO DE OBISPOS QUE BUSCA IMPONER UNA NUEVA ESTRUCTURA EN LA IGLESIA, MÁS ACORDE CON EL PROTESTANTISMO]

3) Para quienes dudan de la legitimidad de la elección del Papa Francisco, el mismo Benedicto se sumó a la consagración desde su capilla privada. [ESO LO ÚNICO QUE PRUEBA ES LA INMENSA CONFUSIÓN QUE REINA EN LA IGLESIA, POR OBRA DE LOS MODERNISTAS]

4) Fue políticamente (o eclesialmente) incorrecto desde lo que algunos consideran hoy como «ecuménico»: se mencionó a rabiar [¿? TODO EL MUNDO SABE EL DESDÉN CON QUE FRANCISCO SUELE HABLAR DE LA SMA. VIRGEN, ¿AHORA SE VOLVIÓ MARIANO?] a la Inmaculada (cosa que no aceptan los «ortodoxos») [NO COMO DOGMA, PERO MUCHOS SOSTIENEN ESA OPINIÓN], a la Virgen María como intercesora y a la necesidad de la conversión y confesión (para lo cual se colocaron centenar -literalmente- de confesores en la ceremonia vaticana) [EL DIABLO PUEDE DISFRAZARSE DE ÁNGEL DE LUZ Y ENGAÑARNOS MEDIANTE APARENTES BUENAS OBRAS, ¿NO EMPEZÓ ASÍ LA CAÍDA ORIGINAL? EL CATÓLICO JOE BIDEN SUELE MOSTRARSE

CON UN ROSARIO EN LA MANO Y VA A COMULGAR LOS DOMINGOS, ¿Y?...SI FRANCISCO HUBIESE DADO DIFUSIÓN **COMO LO PIDIÓ LA VIRGEN**, A LA DEVOCIÓN REPARADORA A SU INMACULADO CORAZÓN, ENTONCES SERÍA UN HECHO AUSPICIOSO, LO OTRO PUEDE SER MANIPULADO PARA CUALQUIER FIN ESPURIO]

5) La Virgen dijo que la consagración se haría, pero que sería «demasiado tarde», cosa que -al parecer- fue lo que sucedió.

6) Por último: lo que ya pocos esperaban, se dio. Porque Dios escribe derecho en renglones torcidos. [NO PRUEBA EN ABSOLUTO QUE SE HAYA DADO. POR EL CONTRARIO, PUBLICAMOS EN NUESTRO BLOG SUFICIENTE CANTIDAD DE ARTÍCULOS, DE DIVERSOS AUTORES, QUE SE HAN TOMADO LA MOLESTIA DE ESTUDIAR EL TEMA Y DECIRNOS POR QUÉ NO SE DIO Y NO SE CUMPLIÓ CON EL PEDIDO DE LA VIRGEN DE FÁTIMA]

Todo, salvo mejor opinión.

A esperar en Dios y en Nuestra Santísima Madre.

Que no te la cuenten...

P. Javier Olivera Ravasi, SE

Agreguemos a lo ya dicho, que hay, en general, una especie de *buenismo* sentimental, conservador o línea media, que tiende a decir que, aunque la consagración no haya sido impecable o completa, Dios la acepta en lugar de lo que pidió la Virgen, porque se hizo con buenas intenciones. Pero en ese caso, ¿Dios no podría haber aceptado acaso las consagraciones anteriores de Juan Pablo II o Pío XII, a pesar de que no cumplieron con todos los requisitos, ya que fueron hechas lo mejor posible dadas las circunstancias? ¿Por qué antes no y ahora, pese a no ser lo que pidió la Virgen, sí sería aceptable? Sepamos que Dios **no pide imposibles**, y si pidió la consagración de Rusia, es porque resulta posible hacerla y Dios tiene un motivo para quererlo así. Si hubiese querido la consagración "de la humanidad y Rusia y Ucrania" lo habría pedido.

Con todo lo dicho no queremos afirmar que no se produjo ninguna consagración o que no pueda tener algún efecto bueno el acto del 25 de marzo, eso Dios lo sabe. Lo que sí afirmamos es que nos han querido hacer pasar una cosa por otra, y eso tiene que quedar claro. Debemos seguir rezando por la consagración de Rusia, eso es lo que esperamos y lo que, más tarde que temprano, sucederá.

Artículos relacionados:

https://agendafatima.blogspot.com/2022/03/consagracion-de-rusia-al-inmaculado_25.html

https://agendafatima.blogspot.com/2022/03/el-obstaculo-la-consagracion-de-rusia.html

https://agendafatima.blogspot.com/2022/03/consideraciones-sobre-la-consagracion.html

LA OBSESIÓN DE LOS INTELECTUALES

Miembros de la línea media brasileña se muestran atemorizados –o quizás sólo *muito* preocupados- con el "ideólogo más peligroso del planeta", como llamara a Alexander Dugin un "prestigioso" medio periodístico occidental, el cual, por supuesto, nuevamente es presentado, ahora por un conferencista de manera inapelable como "el gran ideólogo de Vladimir Putin". Así, el Centro Dom Bosco nos propone una video-aula titulada: "*Prof. Taiguara Fernandes comenta sobre a nova ideologia que a Rússia tem tentado exportar para o resto do mundo*" (sic) (https://www.youtube.com/watch?v=j2pnhE7sn1k). Sin dudas toda una advertencia a temer: Putin desea, acaso como Hitler, esparcir su "ideología" por todo el mundo, para conquistarnos a nosotros sudamericanos, volviéndonos euroasiáticos o quizás tenebrosos feligreses de la ortodoxia cristiana rusa. La preocupación se extiende a otra conversación de intelectuales, donde el mismo profesor, cómodamente posado, afirma que "os eurasianos tem campanha intelectual no Brasil". Claro, Dugin que es sinónimo de Rusia, dio conferencias en Brasil (como también en Argentina), entonces Brasil (y todo sitio donde Dugin osó exhibir su larga barba eslava) corre el riesgo de plegarse a la ideología eurasiana.

Permítannos los hermanos brasileños lanzarles una zurra, un mandoble que estimamos mucho más justo y caritativo que el del mundialmente famoso negro Smith en la entrega de los alicaídos Oscar hollywoodenses: más allá del notable Gustavo Corçao, el Brasil jamás se ha caracterizado por tener intelectuales destacados. Es una realidad. Entonces, ¿por qué algunos insisten en meterse en un terreno donde no pueden hacer pie? Si sólo se pretendiese hacer periodismo, bueno, lo entendemos, es periodismo. El periodismo suele andar a las corridas, tiene desajustes que las exigencias de lo inmediato le imponen. Sí, ojalá lo excepcional se volviese corriente, pero lo que vemos es más bien esfuerzos intelectuales bien producidos (medios técnicos no faltan) –sin dudas bien intencionados- pero deslucidos y simplones, o a veces deliberadamente acometedores y polémicos, para ofrecer conferencias del "pensamiento católico" tradicional. El problema es cuando se pretende que por ser católico, cualquier cosa es "pensamiento".

Sostiene el intelectual brasileño en la citada conferencia que "Hoy Rusia tiene una nueva ideología". Es una nueva ideología que se llama eurasianismo, esa ideología fue establecida exactamente después de la caída de la Unión Soviética, afirma. "Un grupo de intelectuales empezó a pensar, de los cuales el más prominente es el señor Alexander Dugin, que es el gran ideólogo de Vladimir Putin".

Vamos a ver eso. Pero antes de seguir, aclaremos algo: si bien Dugin dice unas cuantas verdades, lo cual no se puede negar, *no concordamos en absoluto* con sus escritos o sus tendencias intelectuales. Lo que nos interesa dilucidar acá, a partir de su figura, es la manera en que los intelectuales o los periodistas tratan esta cuestión, de manera por demás superficial, esquemática y poco responsable. En este caso, parecería que porque la casi absoluta totalidad de la prensa occidental dice que "Dugin es el cerebro de Putin", el "Rasputín de Putin", "el gran ideólogo de Putin", "el gurú de Putin", el "profeta fascista de Putin"

(The New York Times subió más la apuesta que los demás), entonces ¡debe ser verdad! ¡Por supuesto, la prensa no miente! Gracias a la Covid-19, todos nos hemos enterado de ello, ¿verdad?

No sabemos hasta qué punto Putin comparte las ideas de Dugin, no negamos que puedan tener coincidencias importantes, aunque no tenemos ninguna constancia de que así sea. Lo que sí nos interesa *muito* es que nos informen en qué se basan para decir lo que dicen, cuáles son sus fuentes, que nos presentaran los discursos del presidente de Rusia donde lo cite o muestre que está repitiendo las ideas de su asesor o "cerebro". Porque hasta ahora no lo han hecho. Sí en cambio sabemos cuáles son los intelectuales a los que gusta citar y con los que más coincide Putin, puede enterarse el lector en este artículo, donde ni siquiera se menciona al famoso "gurú fascista": https://agendafatima.blogspot.com/2022/03/filosofia-de-putin.html

Un poco después, el profesor brasileño afirma: "Dugin tiene su razón, de cómo va a establecer esa ideología eurasiana, en otro cidadano, llamado René Guenón. Mirando para el pensamiento de René Guenón, él hace unos injertos de otras cosas, y establece el propio pensamiento, la propia ideología llamada eurasiana, de la cual uno de los componentes es el establecimiento de una religión nacional".

Es decir, que Putin seguiría a Dugin, que a su vez sigue a Guenón, el cual establece la necesidad de una religión nacional, de la cual Putin vendría a ser el jefe. El único problema es que en Rusia la religión nacional −la llamada ortodoxia cristiana rusa- existe desde hace mil años, mucho antes de que el gnóstico Guenón viera la luz de este mundo. Y la "nueva ideología eurasiana" que habría aparecido en Rusia tras la caída del comunismo, en realidad tiene de nueva por lo menos cien años. Y el eurasianismo puede ser tanto una ideología como una simple estrategia de supervivencia geopolítica, cuando los países europeos a los que Putin ha querido acercarse, lo empujan hacia el Oriente.

Por supuesto, todos los esquemas funcionan muy bien en la cabeza de los intelectuales, pero la realidad es menos maleable y más complicada. Caramba, no estamos buscando dejar sin trabajo a los expositores del "pensamiento católico", sino, por el contrario, hacerlos trabajar más (y mejor).

Pero vayamos a las pruebas testimoniales, cosa que los temerosos del eurasianismo que Rusia querría "exportar para o resto do mundo" no presentan. ¿Putin sostiene alguna ideología?

Dice Dugin en una entrevista:

"Pero yo no creo que Putin sea un ideólogo. Es un hombre que se adapta a las circunstancias. Todo lo que se puede decir es que a partir del momento en que él defiende a Rusia como entidad independiente y soberana, entonces se apoya automáticamente en valores que contradicen los de los medios mundialistas (individualismo, teoría de género, deconstrucción de los Estados, destrucción de la familia, inmigración masiva, etc.)."

"Putin es un patriota pragmático; en absoluto es un intelectual y pienso incluso que su cultura es fragmentaria. La gente de su entorno le sugiere, sin duda, leer a tal o cual autor. ¿Lo hace? Lo ignoro. Todo lo más que puedo pensar es que él tiene una simpatía natural por ciertas ideas conservadoras. En cuanto a Ilyin, presentarlo como una suerte de "pensador oficial" no tiene ningún sentido".

https://elmanifiesto.com/entrevistas/681181412/Quien-es-Vladimir-Putin-I.html

Eso no es todo, continúa el llamado "Rasputín de Putin":

"Putin es un jefe de Estado realista. Está, además, intelectualmente más cerca de los europeos que de los chinos, los cuales pertenecen a una civilización completamente distinta. A Putin le hubiera gustado convertirse en aliado de una Europa independiente en el contexto de un mundo multipolar, pero Europa está, efectivamente, comprometida por completo con el atlantismo, colonizada por los norteamericanos".

"Siendo realista, Putin no tiene otra opción que buscar aliados fuera de Europa, en China, por ejemplo. No creo que esté feliz haciéndolo, pero no puede hacer otra cosa porque la Europa política no existe todavía".

https://elmanifiesto.com/entrevistas/13523404/Quien-es-Vladimir-Putin-y-II.html

Ampliemos un poco esta cuestión, a partir de un artículo muy interesante de alguien que conoce bien la situación de Rusia:

"Rusia es una nación post-ideológica y Putin a menudo ha enfatizado su compromiso con este curso de desarrollo. En otras palabras, cuando Putin habla de que Rusia es un "país normal" en sus videos dirigidos a Occidente, se refiere a un país que no está comprometido con una teoría política/económica mesiánica u otra como, digamos, Estados Unidos, que es comprometida con la cruzada por su religión Liberal de Derechos Humanos Democracia Libertad en todo el mundo. "Normal" simplemente significa un país que actúa en interés de sí mismo y de su gente ante todo y trata de llevarse bien con otros países también. Incluso se podría llamar a esto "nacionalismo" si así se quisiera, pero la sociedad civil rusa tiene aversión a esta palabra, prefiriendo marcar a sus enemigos con ella

(...)... la ideología puede unir y motivar a las personas a grandes alturas de fanatismo que pueden ser aprovechadas por el estado o un grupo de personas inteligentes para lograr objetivos que cambien el mundo. Pero la ideología es una espada de doble filo que corta la mano que la empuña en el momento en que su poseedor comienza a comprometerse realmente a creer en ella acríticamente. Putin claramente no quiere una nueva ideología mesiánica que cambie el mundo para Rusia porque Putin probablemente vio lo que sucedió con la URSS y ve lo que le está sucediendo a los Estados Unidos en este momento y ha sacado algunas conclusiones. Sin embargo, tendrá que idear una nueva plataforma cívica para que el Kremlin la promueva eventualmente". (Rolo Slavskiy, https://www.unz.com/article/the-kremlins-post-soviet-state-ideology/)

Dugin puede ser llamado sin dificultad un "ideólogo", pero no Putin. Ese es el inconveniente para los que, como Bernard Henry Lévy, afirman que "hay un viento malo y oscuro de nihilismo en su sentido propio, que es un sentido nazi y fascista, que está soplando en la gran Rusia". Si fue la ideología la que llevó a diversos nacionalismos a crear estados totalitarios (comunismo, nazismo, fascismo) que impusieron al mundo la guerra, entonces para identificar a Rusia como un estado totalitario, debe achacársele una ideología. Y allí aparece el personaje perfecto, Dugin, para que a través suyo se le impute a Putin una ideología, la cual amenaza al mundo como antes lo hicieron las mencionadas ideologías totalitarias. Dice otro medio de prensa liberal occidental: "En la guerra actual sin duda Putin es el agresor, eso nadie lo pone en duda. Detrás suyo están esos intelectuales reaccionarios nostálgicos e inmisericordes". Si Rusia es el agresor, debe encontrársele el motivo, la oscura y malévola motivación, y esa proviene de los ideólogos que manejan al pobre Putin.

Pero esto, mal que les pese a los intelectuales (liberales o católico conservadores), no es exactamente así.

De modo que una cosa es el sentido religioso mesiánico que ha existido en Rusia y no dudamos siga existiendo ahora, otra cosa cierta utilización ideológica-geopolítica que algunos intelectuales quieran realizar para impulsar su propia agenda, y otra cosa la política que hasta la fecha ha venido sosteniendo oficialmente Rusia y su presidente, en muchos aspectos disímil y muy contradictoria, pero nada ideológica.

Despejemos otra cuestión. ¿Dugin es el "cerebro" o el "gran asesor" de Putin? Los medios occidentales vienen repitiendo desde hace mucho tiempo lo que afirmó en 2014 –cuando estalló la crisis en Ucrania- *Foreign Affairs*, el medio de prensa del CFR (Council of Foreign Relations), de Henry Kissinger y demás globalistas, con el fin de volcar todas las sospechas sobre Rusia. The Washington Post es otro medio que se ha caracterizado por difundir tal aserto. Por no hablar del portal judío pro-norteamericano Infobae, el cual, como todo el mundo sabe, se caracteriza por su *gran preocupación por difundir la verdad...* Por supuesto que cualquier personaje o situación es buena para intentar alertar al lector occidental de la gran amenaza rusa para la democracia occidental, y un personaje nada simpático como Dugin, con su inmensa y anacrónica barba, es el candidato ideal a exhibir. El fascismo se encuentra siempre a la vuelta de la esquina (y eso que Putin tiene fluidas relaciones con una gran parte de la comunidad judía, curioso porque a Dugin se lo acusa de antisemita). Pero hurgando un poco, encontramos que el sitio oficial de noticias ruso Sputnik, en las pocas oportunidades donde menciona a Dugin, lo llama "un analista ruso", en ningún momento lo llama "asesor" o "cerebro" o cosa parecida del presidente Putin. El sitio de noticias RT en español lo llama "ultraconservador" o pensador "de extrema derecha", lo cual no sería muy halagador ni conveniente, si se tratase del "gran ideólogo" de Putin. RT en ruso contiene apenas un puñado de artículos de Dugin, el último de los cuales data de hace dos años, y allí se lo señala como filósofo y escritor. Por supuesto, el profesor Fernandes podría defenderse diciendo que "Dugin es el principal asesor de Putin, lo que pasa es que nadie lo dice porque no le conviene". Entraríamos allí –o, mejor dicho, ahondaríamos más- en el terreno de las especulaciones literarias, porque, ¿cómo sabría el profesor que Dugin es el principal asesor de Putin? No pedimos una declaración jurada de Dugin o del Kremlin, sólo una fuente creíble, para de ese modo poder entender toda la realidad de lo que Rusia es hoy en día, según creen entenderla algunos intelectuales. Sí, una ideología parece explicarlo todo satisfactoriamente, pero, ¿y si no existe tal ideología, cómo explica el intelectual lo que está sucediendo?

Por cierto, y como digresión, el mencionado profesor afirma que la consagración de Rusia por Francisco fue hecha, así que, todo el mundo tranquilo...

La realidad de lo que ocurre en la guerra actual, y la realidad misma de Rusia es complejísima, como para poder explicarla mediante un simple esquema o... un "meme". Hay los que quieren intelectualizar la realidad, y si ésta no se deja, sólo tienen que ajustarla un poco para que quepa en su *mind map*, y así de ese modo no sentirse frustrados al no obtener respuestas clarificadoras que halaguen su sed de conocer la realidad.

Así como el intelectual, figura surgida en el mal llamado Renacimiento, se atribuye –y de hecho se le designa- un papel crucial en la formación de la ciudad llamada Utopía, de igual modo hay quienes creen que, en sentido opuesto, es el intelectual el más prominente agente restaurador de la Ciudad Católica. Pero intelectual y sabio no son la misma cosa.

¡Viva el Sagrado Corazón de Jesús y el Corazón Inmaculado de María!

PUTIN Y LOS JUDÍOS

"El régimen de Putin es un régimen nacionalista cristiano, y el nacionalismo cristiano es una amenaza para los judíos en todas partes".
Jason Stanley, profesor de filosofía en la Universidad de Yale, judío. (1)

Si bien abordamos extensamente el tema del título, en relación con la Rusia de Putin y la situación o influencia de los judíos en la misma, en nuestro libro "Fátima y Rusia", como también lo hemos hecho en otro artículo de nuestro blog, queremos dedicar unas líneas, a partir de un interesante artículo (2), acerca de algo que viene a mejorar la comprensión de un asunto que no admite infantiles simplificaciones, maniqueísmo fotográfico o desinformación irresponsable.

Los actuales acontecimientos, esto es, la guerra entre Rusia y la alianza globalista anglo-yanqui-sionista, no vienen sino a demostrar que, pese a los circunstanciales acuerdos tácticos, la agenda rusa no es la agenda sionista. La agenda de Rusia no se llama Israel ni se llama Cristo Rey. Se llama simplemente "Rusia". Pero Dios puede y – para nosotros- está disponiendo las cosas para que en el futuro la agenda rusa pase a llamarse "Agenda Fátima", consagración papal mediante (es decir, futura consagración de Rusia y sólo de Rusia al Corazón Inmaculado de María).

209

Expresamos también de entrada que si no se tiene una mirada formada en la teología católica, no se podrá comprender a fondo el problema judío, y por ende la realidad que vivimos. Hay diestros historiadores e investigadores revisionistas que han sabido entender ciertos aspectos del asunto, y han realizado valiosos aportes historiográficos, en pro de la verdad y contra la propaganda que se ha impuesto en todo el mundo. Sin embargo, en general gran parte de ese revisionismo se encuentra muy limitado por la falta de penetración que sólo la mirada católica puede ofrecer. En esto también, y lejanos estamos de querer satisfacer una corrección política que deploramos como pocos, debemos tener reservas con quienes siendo católicos, se autoproclaman "nacional-socialistas", porque la adición de una y otra condición juntas conforman un muy grosero error. No se combate la corrección política mediante el error, sino a través de la verdad. De modo tal que, para disponerse a indagar a fondo la cuestión judía, pensamos que el lector debería sumergirse con absoluta confianza en los escritos de los que consideramos los mejores dilucidadores de este tema, a saber, el Padre Julio Meinvielle y el Padre Denis Fahey. (3)

El llamado "Holocausto" parece ser el super dogma mediante el cual un gobernante, de cualquier signo que fuere, resulta aceptado en los círculos del poder. ¿Gobernantes solamente? También los eclesiásticos, indudablemente. La mediática "crucifixión" de Mons. Richard Williamson y el pilatesco "lavado de manos" de la FSSPX, cuando el recordado asunto de la "entrevista de la televisión sueca" dio la vuelta al mundo, lo prueban. Se trata del dogma en el cual todos debemos creer ciegamente, excepto que queramos convertirnos en "ultras", "troglodi-tas" o "negacionistas". O sea, irredimibles nazis.

Pues bien, Putin ha estado prestando apoyo al *World*

Holocaust Foro y en Rusia se difunde generosamente la narrativa oficial acerca de ese hecho. ¿Por qué?

Digámoslo de una vez: no se trata de una adhesión zalamera al poder judío, se trata de utilizar una herramienta para alcanzar sus objetivos geopolíticos. Aunque sin dudas Putin parece haber estado jugando con fuego, y puede que ahora que le han declarado la guerra, ese fuego se le vuelva en contra.

Por supuesto, no debe olvidarse que la obsesión antinazi de los rusos, se basa en que su país fue invadido por Alemania, y la guerra los dejó con nada menos que veinticuatro millones de muertos. Muertos reales y no imaginarios. (4)

Pero esta historia viene de lejos.

La "industria del Holocausto" nació en verdad en Rusia. Ni bien finalizada la Segunda guerra mundial, fueron los soviéticos (judíos soviéticos), mucho antes que los occidentales, quienes lanzaron una narrativa acerca del "Holocausto". La URSS estimaba necesario deslegitimar a los pueblos del este europeo a los que quería asimilar. Acusarlos de perpetrar un genocidio o "crímenes contra la humanidad" era una manera propagandística de humillarlos y desarticular todo posible nacionalismo antisoviético que les hiciera resistencia. La propaganda incendiaria por parte de los judíos soviéticos resultó tan exagerada que en los países occidentales, en principio, careció de publicidad. "Cuando *Los Angeles Times* publicó algunas fotos rusas de Majdanek, por ejemplo, advirtió a sus lectores que el material que estaba publicando podría ser "propaganda". En Gran Bretaña, el periodista judío de la BBC, Alexander Werth, recordó más tarde que al principio estaba "continuamente frustrado por la falta de voluntad de su editor para publicar sus historias de horror y atrocidades."(5) Con el impulso del propagandista judío soviético

Ilya Ehrenburg, la narrativa del Holocausto se difundió internacionalmente como parte de una campaña de financiación, con el aporte de figuras como Solomon Mikhoel (presidente del Comité Antifascista Judío de la URSS) y el periodista Vasily Grossman. Pero poco después, en 1948, la política narrativa en la URSS cambió. Mikhoel fue marginado, Grossman asesinado. El Comité Antifascista Judío fue disuelto a fines de ese año. Se había iniciado una competencia contra el Judaísmo internacional, que no podía tolerar una comparación en la victimización sufrida en la Segunda guerra mundial. La etapa antijudía de Stalin había comenzado (luego de los servicios que los judíos bolcheviques le habían prestado durante largos años, a través de la Cheka y con el devastador Holodomor en Ucrania). El aparato propagandístico de Occidente comenzaba a funcionar a pleno a favor de una nueva propaganda. Por entonces ya se había fundado el "Estado de Israel".

Entonces ocurrió en Polonia algo interesante: "En el verano de 1949, la narrativa del Holocausto volvió a surgir como tema de controversia política, esta vez en Polonia. El embajador soviético escribió a Moscú en julio quejándose de que el 37 % de los funcionarios del Ministerio de Seguridad Pública de Polonia eran judíos en un país donde los judíos constituían menos del 1 % de la población. Jakub Berman, uno de los líderes judíos del país y antiguo asociado del propagandista del Holocausto Solomon Mikhoels, intentó a toda prisa calmar la situación ofreciendo un trato extraño: la afirmación de que seis millones de personas habían muerto en "el Holocausto" pero que este total involucró a tres millones de judíos y tres millones de no judíos. Con esta táctica, ofreciendo una recompensa compartida de los esfuerzos de propaganda judía, Berman se ganó algo de tiempo y logró evitar las purgas antijudías más severas asociadas con la " Trama del doctor ", el último intento de Stalin de frenar la influencia judía en la Unión Soviética. La narrativa del Holocausto, como una historia de víctimas judías especiales, quedó inactiva en Rusia durante medio siglo."(6)

Llegamos al 31 de diciembre de 1999. Desde que arribó al gobierno, Putin se dio cuenta que sólo se podía gobernar exitosamente un país vastísimo y complejo como Rusia en base a la estabilidad política, el desarrollo económico, las tradiciones que mantuviesen la unidad nacional, y la hipótesis de conflicto propia de un imperio, que sabe que geopolíticamente tiene enemigos que nunca descansan. La OTAN se ha mostrado siempre hostil y particularmente ha intentado usar a los países vecinos de Rusia, exacerbando su nacionalismo anti-ruso, para provocar la desestabilización dentro del gigante euroasiático. Es ahí cuando Putin vuelve a traer la narrativa del Holocausto a la palestra, para sacar beneficios de la propaganda judía en beneficio de las también víctimas rusas, a fin de contrarrestar toda posible propaganda anti-rusa de los nacionalismos vecinos. Lo vemos en el caso de Ucrania, donde Rusia hace hincapié en el carácter de "neonazis" de los nacionalistas que, aunque pretendan pelear por Ucrania, están favoreciendo a la OTAN. Pero también esta narrativa del "Holocausto" le ha servido para tener bajo control a los judíos rusos —los que conservaba a su favor, pues una camarilla de oligarcas judíos habían sido expulsados o encarcelados- y mantener buenos vínculos con Israel, en un juego de poder que por mucho tiempo le dio sus frutos. ¿Y para qué le sirve a Rusia mantener buenos vínculos con Israel? Hasta hace poco eso le sirvió para evitar que Estados Unidos encontrara un apoyo fundamental en Medio Oriente contra Rusia, donde ésta pisa fuerte a través de su aliado Siria (enemigo de Israel, no lo olvidemos).

Pero la herramienta política que ha significado la narrativa "holocáustica" no ha contentado a todos, y más bien ha provocado disputas, porque de hecho Putin ha manipulado el relato en favor de Rusia: "Si Putin está interesado en revivir la narrativa del Holocausto en Rusia y exportarla a todo el mundo, debemos tener claro qué narrativa del Holocausto prefiere Putin. Putin ha adoptado lo que podríamos llamar el "modelo Berman", llamado así por Jakub Berman, descrito anteriormente, que trató de apaciguar a Stalin con sus estimaciones de muerte menos ambiciosas compartidas por igual entre judíos y soviéticos. En otras palabras, Putin está interesado en la narrativa del Holocausto solo en la medida en que pueda ser políticamente útil para el estado ruso. (...) Sin embargo, el "modelo Berman" de Putin sigue siendo un punto conflictivo para los judíos. Mientras que los dos rabinos más prominentes de Rusia "enfatizaron el aspecto de la tolerancia" del nuevo museo [Museo Judío y Centro de Tolerancia], Putin se aseguró de que los intereses rusos puedan continuar aprovechando la propaganda de las atrocidades judías. En un discurso público, Putin sugirió que el museo pasara a llamarse Museo Judío *Ruso y Centro de Tolerancia*. "Está ubicado en Rusia, ¿verdad? Y lo hicimos posible juntos". Sus comentarios recordaron un incidente de 2012 en el que las autoridades rusas reemplazaron una placa conmemorativa en Rostov-on-Dom que afirmaba que 27.000 judíos fueron asesinados en un desfiladero cercano (incluso Yad Vashem sugiere que esa cifra es una gran exageración) con una placa que decía solo que "ciudadanos soviéticos" habían sido asesinados en el área."(7)

Rusia ha estado los últimos años manteniendo ataques retóricos en base a esta narrativa de su propia victimización contra la amenaza posible de Polonia, Letonia, Lituania y Estonia, antiguos países de la URSS y actualmente parte de la OTAN, y lo mismo hizo en acciones diplomáticas contra los países bálticos. Rusia ha sostenido siempre su hipótesis de conflicto. Los actuales hechos en Ucrania parecen estar dándole la razón. En el fondo siempre hubo una falsa paz con sus vecinos.

Sin embargo, Putin parece estar recogiendo casi nada, de su actitud "benevolente" hacia los judíos, porque aquellos saben bien hasta qué punto eran aprovechados y controlados para fortalecer los intereses de Rusia, y no exclusivamente los de Israel, como pretendían los sionistas. "El enfoque de Rusia hacia los judíos ha tenido resultados mediocres, incluso pobres, hasta el momento. Los oligarcas judíos han estado abandonando el barco desde que comenzaron a sentir el pellizco de las sanciones occidentales, lo que llevó a Putin a arremeter contra una "quinta columna" de "escoria y traidores" que serán escupidos "como un mosquito que accidentalmente voló a nuestras bocas (...) Israel, que siempre busca tener su pastel y comérselo también, actualmente busca una incómoda neutralidad entre EE. UU. y Rusia. Las afirmaciones de Rusia de estar luchando contra el nazismo en Ucrania no han provocado la más mínima respuesta de la comunidad judía internacional, mientras que los ataques con misiles en Kiev, que provocaron daños en los monumentos judíos, han provocado indignación (8). El mundo ha rechazado más o menos la narrativa del Holocausto de Rusia o, peor aún para Putin, simplemente no le importa" (9) Se pregunta el citado autor si finalmente Putin hará lo mismo que Stalin, y lo duda. Pero parece que los acontecimientos están llevando a Putin a tomar medidas que ya no permiten una vuelta atrás. Haga lo que haga, como hasta ahora ha venido ocurriendo, Rusia nunca gozará de una legitimidad moral ante Occidente.

Hoy los judíos internacionalistas, los Rothschild, Soros, Kissinger, Schwab, la realeza judeo-masónica de Inglaterra y los Países Bajos, el socialismo democrático que gobierna en Estados Unidos, España, Francia, Italia, prácticamente la totalidad de los organismos internacionales, el FMI, la OTAN y mismo la ONU, estrechan fuerzas contra Rusia. ¿Acaso porque Rusia defiende los intereses sionistas, o más bien porque ha tocado sus intereses?

Un nuevo cortocircuito en la relación Rusia-Israel cuando este último país se sumó a los que suspendieron a Rusia del Consejo de Derechos Humanos de la ONU. Rusia respondió: "Moscú arremetió el viernes contra el ministro de Relaciones Exteriores, Yair Lapid, más de una semana después de que Israel se uniera a otros países para suspender a Rusia del Consejo de Derechos Humanos de la ONU por su invasión de Ucrania", acusando al Ministro de RR.EE. de Israel de "anti-ruso" y convocando al embajador en Rusia.(10)

Seguramente, Putin va a tener que comprender que quien lanzó esta sentencia: *"La estructura que debe saltar es la Nación"*, fue un judío, Edmond de Rothschild (11), y Rusia ha cometido un pecado que ya no puede redimirse ni siquiera apoyando la narrativa del Holocausto. El pecado de querer seguir siendo una Nación, en un tiempo donde los globalistas preparan el gobierno mundial del Anticristo.

Notas:

(1) https://www.revistaverdad.com/2022/03/stanley-filosofo-judio-el-regimen-de.html Este filósofo, ofendido, afirma también que "Zelensky es judío y que gran parte de su familia fue aniquilada en el Holocausto, y que Ucrania es el único país

además de Israel que ha tenido simultáneamente un primer ministro y un presidente que eran judíos [Zelensky y el ex primer ministro Vlodymyr Groysman].

(2) https://www.unz.com/article/putins-holocaust-obsession/

(3) En Argentina también encontramos otros dos destacados autores que han escrito con mucha agudeza y sentido católico acerca del tema: el Padre Leonardo Castellani y Hugo Wast. En el resto del mundo queremos destacar a Léon de Poncins, entre otros. Recientemente hemos podido ver un artículo interesante en Internet: https://www.unz.com/article/my-journey-to-the-jewish-question/

(4) En comparación, en Argentina se ha erigido una legendaria cifra de 30.000 desaparecidos, sobre la cual todo un aparato de propaganda y retribuciones económicas funciona con intención de "traumatizar" a un país que debería culpabilizarse eternamente. Concluimos que es más lógica la actitud reivindicativa rusa, basada en parte en verdaderas víctimas que defendían no un régimen político, sino su patria.

(5) Andrew Joyce, artículo citado.

(6) A. Joyce, art. cit.

(7) A. Joyce, art. cit.

(8) "En un país con una gran población judía, con un presidente judío, el ataque tiene peso (...) El presidente de Ucrania, Volodymyr Zelensky, dijo que el ataque iba "más allá de la humanidad" y también acusó a Occidente de no hacer lo suficiente para

evitar el asedio a su país. ¿De qué sirve decir 'nunca más' durante 80 años, si el mundo permanece en silencio cuando cae una bomba en el mismo sitio de Babi Yar? Hubo al menos 5 muertos. La historia se repite...", escribió en Twitter. "Es simbólico que [el presidente ruso Vladimir Putin] comience a atacar Kiev bombardeando el sitio de Babi Yar, la mayor masacre nazi", dijo Sharansky (Natan Sharansky, político israelí y portavoz del centro que gestiona el monumento) https://www.bbc.com/mundo/noticias-60594998

(9) A. Joyce, art. cit.

(10)   https://www.enlaceju-dio.com/2022/04/16/rusia-critica-a-lapid-por-respaldar-su-suspension-del-cdhnu/ https://www.enlaceju-dio.com/2022/04/17/moscu-convoca-al-embaja-dor-israeli-tras-ataque-antiruso-de-lapid/

(11) Edmond de Rothschild (1845-1934), "filántropo" israelita, miembro de la familia más poderosa del mundo, que rige los destinos de Europa en los últimos tres siglos. Entrerprise, 18 de julio 1870. Cit. por J. Bordiot, *Le gouvernement invisible*, Éditions Avalon, Paris, 1987, pág. 121.

FALSIFICACIÓN DE FÁTIMA

Uno de los recientes propaladores de falacias, es el *prestigioso* Profesor e historiador Roberto de Mattei (*), que lanzó un artículo en Corrispondenza Romana que reproduce Adelante la Fe.

Artículo de De Mattei en Corrispondenza Romana y Adelante la Fe:

NUESTROS COMENTARIOS EN MAYÚSCULAS.

¿Cuál es el significado y cuáles serán las consecuencias de la consagración de Rusia y de Ucrania al Corazón Inmaculado de María hecha por el Papa Francisco en San Pedro el 25 de marzo de 2022?

En la aparición del 13 de julio de 1917 en Fátima, la Virgen anunció a los tres pastorcitos: "Vendré a pedir la consagración de Rusia a mi Inmaculado Corazón y la comunión reparadora de los primeros sábados." COMO VEMOS, AMBAS COSAS, SI BIEN NO NECESARIAMENTE DEBEN PRODUCIRSE SIMULTÁNEAMENTE, SON LAS QUE DESEA LA VIRGEN; NO SÓLO LA CONSAGRACIÓN DE RUSIA, SINO LA COMUNIÓN REPARADORA DE LOS PRIMEROS SÁBADOS. HASTA EL PRESENTE EL VATICANO HA VENIDO DESDEÑANDO AMBAS COSAS. En una revelación privada posterior a Sor Lucía, que

219

tuvo lugar el 13 de junio de 1929 en el monasterio de Tuy, la Virgen dijo que *"ha llegado el momento en que Dios pide al Santo Padre que haga, en unión con todos los Obispos del mundo, la Consagración de Rusia a Mi Inmaculado Corazón; prometiendo salvarla por este medio"*. ACÁ COMPROBAMOS SIN LUGAR A DUDAS QUE LA VIRGEN PIDIÓ LA CONSAGRACIÓN DE RUSIA, <u>NO</u> LA CONSAGRACIÓN "DE LA HUMANIDAD O EL MUNDO, DE LA IGLESIA, DE RUSIA Y UCRANIA". LA PETICIÓN DEL CIELO NO PODÍA SER MÁS CLARA, Y TENÍA SUS MOTIVOS. ADEMÁS, LA APARICIÓN FUE UNA SOLEMNÍSIMA TEOFANÍA DE LA SANTÍSIMA TRINIDAD, COMO PARA RESALTAR AÚN MÁS LA SUPREMA IMPORTANCIA DE ESA SOLICITUD. DE ALLÍ QUE SE LA DEBA RESPETAR EXACTAMENTE. DIOS PODRÍA HABER PEDIDO OTRA COSA, PERO PIDIÓ LO QUE PIDIÓ: CONSAGRAR A RUSIA.

Ni Pío XI ni sus sucesores acogieron esta petición, a no ser parcialmente. En 1952 Pío XII consagró Rusia al Corazón Inmaculado de María, pero sin unir a los Obispos del mundo a su acto. Juan Pablo II utilizó en 1984 el neologismo "encomendamos" <u>QUE TAMBIÉN USA FRANCISCO</u>, COMO SE VERÁ MÁS ADELANTE; en lugar del término consagración y no mencionó específicamente a Rusia. El modo requerido por la Virgen, sin embargo, está todo presente en el acto del Papa Francisco EL OBJETO DE LA CONSAGRACIÓN NO ES EL ÚNICO SOLICITADO, AUNQUE ESTÉ INCLUIDO, LO CUAL DISMINUYE SU CAPITAL IMPORTANCIA, que pronunció las siguientes palabras: *"Nosotros solemnemente encomendamos y consagramos* NO DICE SÓLO CONSAGRAMOS, ¿A CUENTO DE QUÉ AGREGAR EL "ENCOMENDAMOS"? ¿PARA SUAVIZAR EL CARÁCTER ESPECÍFICO DE LA PALABRA "CONSAGRAMOS"? *a tu Corazón inmaculado nuestras personas, la Iglesia y la humanidad entera, de manera especial Rusia y Ucrania* FRANCISCO CONSAGRA CINCO COSAS DIFERENTES, LA VIRGEN PIDIÓ SÓLO LA CONSAGRACIÓN DE UNA: RUSIA; RUSIA APARECE EN SU CONSAGRACIÓN EN PENÚLTIMO LUGAR DE IMPORTANCIA, ESO DISMINUYE LA TRASCENDENCIA DE LA CONSAGRACIÓN EN RELACIÓN A LOS EFECTOS DESEADOS CON RESPECTO A ESTE PAÍS QUE MARÍA DESEA LE SIRVA MUY PARTICULARMENTE. *Acoge este acto nuestro que realizamos con confianza y amor, haz que cese la guerra, provee al mundo de paz. El "sí" que brotó de tu Corazón abrió las puertas de la historia al Príncipe de la paz; confiamos que, por medio de tu Corazón, la paz llegará. A ti, pues, te consagramos el futuro de toda la familia humana, las necesidades y las aspiraciones de los pueblos, las angustias y las esperanzas del mundo".*

La incorporación de Ucrania a Rusia es perfectamente legítima, entre otras cosas porque Kiev es la cuna de la civilización rusa y Ucrania formaba parte de Rusia en 1917. NO FUE ESE EL MOTIVO DE LA INCORPORACIÓN QUE HIZO FRANCISCO, SINO DEBIDO AL ACTUAL CONFLICTO BÉLICO ENTRE RUSIA Y UCRANIA, DONDE CLARAMENTE HA TOMADO PARTIDO POR EL BANDO ANTICRISTIANO QUE SE EMBANDERA DETRÁS DE UCRANIA. ADEMÁS, SI UCRANIA SIEMPRE FORMÓ PARTE DE RUSIA, NO ERA NECESARIO NOMBRARLA. POR OTRA PARTE, NUEVAMENTE INSISTIMOS: **LA VIRGEN SÓLO PIDIÓ LA CONSAGRACIÓN DE RUSIA, NO MENCIONÓ OTRA COSA. ¿POR QUÉ NO LO QUIEREN ENTENDER?** El uso de la palabra "solemnemente" da especial importancia al acto del Santo Padre, que se realizó en San Pedro, en una austera ceremonia penitencial. En el centro de la basílica no estaba el Papa, sino la imagen de Nuestra Señora de Fátima, con la corona en la cabeza y un rosario en las manos, delante del altar de la Confesión iluminado como un día de sol LA PUESTA EN ESCENA VATICANA NO CAMBIA LOS HECHOS. Quienes temían momentos de desacralización o alejamiento de las costumbres y tradiciones de la Iglesia tuvieron que recapacitar. El Papa Francisco realizó este acto rodeado de cardenales, obispos, representantes del mundo diplomático, sacerdotes, religiosos y religiosas y simples fieles: una parte cualificada, casi un microcosmos del mundo católico FRANCISCO ALINEÓ DETRÁS DE ÉL A TODO EL MUNDO ECLESIÁSTICO EN UNA "CRUZADA" POR LA PAZ ONUSIANA. TODO SU PONTIFICADO VIENE PREDICANDO EN PRO DE LA "FRATERNIDAD UNIVERSAL MASÓNICA". PRÓXIMAMENTE IRÁ AL CONGRESO MUNDIAL DE TODAS LAS RELIGIONES EN KASAJISTÁN. ¿DE PRONTO EL 25 DE MARZO FRANCISCO SE HABRÍA VUELTO CATÓLICO, MARIANO Y TRADICIONALISTA? En ese mismo momento, en todo el mundo, miles de obispos y sacerdotes se unieron a las palabras de la consagración. Los guardias suizos inmóviles alrededor del trono papal parecían recoger el eco de un recuerdo lejano, pero nunca eliminado de la historia. OH, EFECTO RETÓRICO DE BAJA LITERATURA CON QUE EL AUTOR BUSCA QUIZÁS CONMOVER A SU LECTOR, CUANDO EN VERDAD EL PONTIFICADO DE FRANCISCO NO PARECE SER SINO UN ECO DE LA ESPANTOSA PELÍCULA "HABEMUS PAPAM". POR CIERTO, DE MATTEI ELIGIÓ PARA ILUSTRAR SU ARTÍCULO UNA FOTOGRAFÍA DE LAS ESTATUAS ALINEADAS DE LOS SUMOS PONTÍFICES DE LA IGLESIA, EN LA PLAZA SAN PEDRO, COMO PARA HACER CREER QUE ESTE ACTO SE HA OPERADO EN UNA LÍNEA DE CONTINUIDAD CON LA IGLESIA DE SIEMPRE. Hubo un consenso casi unánime en que la consagración había correspondido a las peticiones hechas por Nuestra Señora a los tres pastorcitos de Fátima ¿CONSENSO DE QUIÉNES? DE LOS MODERNISTAS Y ALGUNOS LÍNEA-MEDIA. Las escasas expresiones de desacuerdo de algunos tradicionalistas no se refieren al acto en sí, sino a la persona de Francisco FALSO, EL AUTOR BUSCA METER EN SU BOLSA A TODOS LOS TRADICIONALISTAS, COMO GENTE NO SERIA, QUE NO ACEPTA LA CONSAGRACIÓN POR ESTAR CONTRA FRANCISCO, al que se consideran personalmente inadecuado para realizar un acto de tanta importancia sobrenatural DE MATTEI SE SALE DEL VERDADERO FOCO DE LA DISCUSIÓN, DONDE SIEMPRE HEMOS PERMANECIDO NOSOTROS, PARA DESVIAR LA ATENCIÓN. Es necesario decir, sin embargo, que para algunos de estos tradicionalistas el Papa Francisco ha perdido el pontificado. Si Francisco no es el Papa legítimo, es obvio que su acto es ilegítimo e inválido SE DESVÍA MÁS AÚN HACIA EL SECTOR SEDEVACANTISTA, MUY MINORITARIO, PARA, UNA VEZ MÁS, NO IR AL FONDO DE LA CUESTIÓN Y GANAR DISTRAÍDOS PARA SU CAUSA. ¡OH, LOS QUE NO HAN ACEPTADO ESTA CONSAGRACIÓN SON LOS SEDEVACANTISTAS! Si, por el contrario, a pesar de todas las reservas que se puedan tener a su respecto, él ocupa legítimamente la Cátedra de Pedro, su acto no puede sino ser válido, independientemente de lo que haya hecho en el pasado y de sus intenciones, que sólo Dios conoce. EXACTO PUEDE SER VÁLIDO, PERO ESO NO SIGNIFICA QUE HAYA HECHO LO QUE QUERÍA Y PIDIÓ LA VIRGEN DE FÁTIMA

Puede parecer paradójico que un Papa tan abierto a la secularización como Francisco sea el autor de un gesto que es en sí mismo la negación del principio laicista. La secularización es, de hecho, un proceso de exclusión progresiva de Dios de la esfera pública A FRANCISCO NO LE INTERESA LA AUSENCIA DE DIOS EN LA SOCIEDAD,

SINO HACER ACEPTAR UN DIOS QUE DESEA UNA VARIEDAD DE RELIGIONES (DECLARACIÓN DE ABU DHABI), UN DIOS QUE NO ES CATÓLICO, UN DIOS QUE TIENE MÚLTIPLES IGLESIAS: ES EL DIOS MASÓNICO. La consagración, en cambio, reafirma el dominio de Dios sobre las naciones y la sociedad en su conjunto PARA EL QUE TIENE FE, PUEDE SER, PARA EL INCRÉDULO O EL MASÓN, SÓLO SIGNIFICA UNA PALABRA O UN GESTO VACÍO. DAMOS UN EJEMPLO: EL JEFE DE GOBIERNO DE LA CIUDAD DE BS. AS., UN IMPÍO ULTRALIBERAL, AL ASUMIR SU GOBIERNO FUE A LA CATEDRAL Y CONSAGRÓ LA CIUDAD Y SUS HABITANTES AL SAGRADO CORAZÓN DE JESÚS. A CONTINUACIÓN SE DEDICÓ A IMPONER UNA POLÍTICA ABSOLUTAMENTE ANTICRISTIANA, DEGENERADA, LLEGANDO HASTA LA CORRUPCIÓN DE MENORES CON LA "EDUCACIÓN" LGBT, LOGRANDO TRISTEMENTE QUE LA CIUDAD QUE GOBIERNA FUESE LLAMADA LA MEJOR CIUDAD "GAYFRIENDLY" DE LATINOAMÉRICA. ¿ESE HOMBRE QUERÍA NEGAR EL PRINCIPIO LAICISTA, O MÁS BIEN ATRAERSE EL FAVOR DE LOS VOTANTES CATÓLICOS? CON ESTO NO AFIRMAMOS QUE FRANCISCO QUIERA HACER COSA PARECIDA, SINO QUE EL HECHO DE QUE REALICE UNA CONSAGRACIÓN NO SIGNIFICA QUE QUIERA DAR UN MENSAJE QUE REAFIRME EL DOMINIO DE DIOS SOBRE LAS CIUDADES. CUANDO EL ABORTISTA JOE BIDEN SE EXHIBE CON EL ROSARIO EN LA MANO, NO HACE OTRA COSA QUE MOSTRAR SU HIPOCRESÍA, NO SU DESEO DE QUE TODO EL MUNDO SEA DEVOTO DE LA VIRGEN. SI BIEN OBJETIVAMENTE ES BUENO REALIZAR UN ACTO DE CONSAGRACIÓN, EN ESTE CASO NO PARECE QUE NINGÚN GOBERNANTE DE ESTE MUNDO

SE HAYA PREOCUPADO O HAYA CRITICADO A FRAN-
CISCO POR EL MISMO. ¿QUIZÁS PORQUE LOS
ENEMIGOS DE LA IGLESIA SABEN BIEN LO QUE SIG-
NIFICA EL PEDIDO DE LA VIRGEN, Y COMPRENDEN
QUE FRANCISCO NO TENÍA DESEOS DE CUMPLIR
EXACTAMENTE CON EL MENSAJE DE FÁTIMA? Es la
razón por la cual los teólogos progresistas y los mariólogos
"minimalistas" siempre se han opuesto al uso del término
"consagración", tanto a nivel público como individual
FRANCISCO SE VIO LLEVADO A ESTE ACTO A PEDIDO
DE LOS OBISPOS DE UCRANIA, QUE LE DEMANDA-
RON LA CONSAGRACIÓN. NO HACERLO LO HUBIERA
PUESTO EN UNA SITUACIÓN MUY INCÓMODA, DE
CARA AL PAPEL DE LÍDER MUNDIAL PACIFISTA QUE
DESDE SIEMPRE HA QUERIDO JUGAR. ASÍ QUE FUE,
HIZO UNA CONSAGRACIÓN PERO LE AGREGÓ LA PA-
LABRA "ENCOMIENDO" Y LE AGREGÓ OTROS OBJE-
TOS A LA CONSAGRACIÓN, Y LISTO, CUMPLIÓ LO PE-
DIDO POR LOS OBISPOS DE UCRANIA Y "QUEDÓ
BIEN", PERO NO HIZO LO MÁS IMPORTANTE, LO
QUE HABÍA PEDIDO LA VIRGEN. Durante el Concilio
Vaticano II, el P. Yves Congar (1904-1995) escribió en su
Diario: "Hago la mayor campaña posible contra una con-
sagración del mundo al Corazón Inmaculado de María,
porque veo el peligro que se forme un movimiento en ese
sentido" (Diario del Concilio: 1969-1966, Edizioni San
Paolo, 2005, vol. II, p.120). En esta misma línea, el sacerdote montfortiano Stefano De Fiores (1933-2012), en su
ensayo póstumo Consacrazione o affidamento (Consagración o entrega), escribió que «es difícil comprender cómo
algunos autores proponen un retorno a la "consagración a
María o al inmaculado corazón de María"; «porque en Fátima Nuestra Señora usó este lenguaje». De hecho, «en
1917 era más que normal hablar como lo hizo Nuestra Se-

ñora. No nos permitimos ninguna crítica al lenguaje utilizado por ella en ese preciso momento histórico. Pero hoy la Iglesia ha recorrido un itinerario bíblico-teológico que exige un uso más riguroso del lenguaje al hablar de Cristo o de María" ("Vita Pastorale", n. 5, mayo de 2012, p. 30). SIN EMBARGO EL TÉRMINO CONSAGRACIÓN NO ES INUSUAL EN LA BOCA DE LOS MODERNISTAS; LA CUESTIÓN NO PASA POR AHÍ.

Diez años después de la muerte del P. De Fiores, Nuestra Señora parece haberse vengado de su pretensión de darle lecciones de teología y para ello eligió al Papa que parecía menos apto para hacer un "regreso a la consagración a María"; el Papa Francisco no hizo la consagración al Inmaculado Corazón cuando fue a Fátima los días 12 y 13 de mayo de 2017, y el 12 de diciembre de 2019 durante una Misa dedicada a la Virgen de Guadalupe, incluso negó a Nuestra Señora el título de "corredentora», pero el 25 de marzo atendió inesperadamente la petición del mensaje de Fátima. COMO VENIMOS VIENDO, ESTO ÚLTIMO ES FALSO. 2+2 NO ES 6, O 5, O 9, SINO 4.

¿Es consciente el Papa Francisco de la importancia histórica de su acto? Durante la ceremonia, y en los días siguientes, apareció en mal de salud y casi aplastado por los acontecimientos. NUEVO TOQUE LITERARIO DRAMÁTICO DE R. DE MATTEI PARA LLEVAR AGUAS PARA SU MOLINO El hecho de que la consagración haya correspondido a las modalidades deseadas por Nuestra Señora no significa que se evitará el castigo que pesa sobre la humanidad. Para que esto suceda, la consagración debería ser acompañada de la práctica reparadora de los primeros sábados de mes y sobre todo de un profundo espíritu de penitencia. FRANCISCO NO APOYA EL MENSAJE DE FÁTIMA, ES POR ESO QUE NO HACE DIFUNDIR ESTA DEVOCIÓN, Y POR ESO MISMO NO HIZO LA

CONSAGRACIÓN COMO DEBÍA SER HECHA. Estas condiciones faltan y el mundo continúa corriendo hacia el abismo, pero la consagración del 25 de marzo anuncia que se acerca la hora del cumplimiento de la profecía de Fátima se avecina y ello significa no sólo un gran castigo, sino sobre todo el triunfo final del Corazón Inmaculado de María. ¿PERO NO DIJO LA VIRGEN QUE *"EL SANTO PADRE ME CONSAGRARÁ RUSIA QUE SE CONVERTIRÁ Y SERÁ CONCEDIDO AL MUNDO UN CIERTO TIEMPO DE PAZ"*? ¿ENTONCES EL FRUTO DE LA CONSAGRACIÓN ES LA GUERRA QUE VENDRÁ? INAUDITO. SI LA VIRGEN DIJO QUE CUANDO SE HICIESE LA CONSAGRACIÓN SERÁ TARDE, QUERRÁ DECIR QUE LOS ERRORES DE RUSIA YA SE HABRÁN ESPARCIDO Y GRANDES CALAMIDADES HABRÁN TENIDO QUE SUFRIRSE EN LA IGLESIA Y EL MUNDO. ESO ES LO QUE SE VIENE, HASTA QUE UN PAPA HAGA LA CONSAGRACIÓN PEDIDA.

En una carta al Padre Gonçalves fechada el 18 de mayo de 1936, Sor Lucía relata una conversación que tuvo poco antes con el Señor sobre el tema de la consagración de Rusia: «Hablé íntimamente con el Señor sobre el tema; y hace poco Le preguntaba por qué no convertía a Rusia sin que Su Santidad hiciera la consagración. ´Porque quiero que toda mi Iglesia reconozca esta consagración como un triunfo del Inmaculado Corazón de María y así extender Su culto y poner junto a la devoción a Mi Divino Corazón, la devoción de este Inmaculado Corazón "Pero, oh Dios mío, el Santo Padre no me creerá si Tú mismo no lo mueves con una inspiración especial. ¡El Santo Padre! Orad mucho por el Santo Padre. ¡Él la hará, pero será tarde! Sin embargo, el Inmaculado Corazón de María salvará a Rusia. A él le ha sido confiada». ¿DÓNDE ESTÁ AHORA EL TRIUNFO DEL CORAZÓN INMACULADO, DÓNDE SU CULTO PÚBLICO, SU MISA, SU DEVOCIÓN

DE LOS PRIMEROS SÁBADOS? NADA DE ESO HAY EN ABSOLUTO. ¿DÓNDE SE CANTÓ EL TE DEUM EN ACCIÓN DE GRACIAS? EN NINGUNA PARTE. LOS MODERNISTAS, CON SUS CÓMPLICES PSEUDO-TRADICIONALISTAS, HAN QUERIDO HACERNOS TRAGAR UNA FICCIÓN, PARA ASÍ APACIGUARNOS. ASTUCIA DIABÓLICA, PARA EVITAR QUE SE LLEVE A CABO LA VERDADERA CONSAGRACIÓN PEDIDA POR LA VIRGEN, COMO SEÑALAMOS EN OTRO ARTÍCULO: HTTPS://AGENDAFA-TIMA.BLOGSPOT.COM/2022/03/LINEA-MEDIA-CONFORME-Y-ACOMODADA-CON-LA.HTML

Fátima no anuncia el fin del mundo ni el advenimiento del anticristo, sino el triunfo del Inmaculado Corazón de María, que es la Civilización cristiana, sacral porque ordenada a Dios y pacífica, porque está sometida al Hijo eterno de Dios hecho Hombre cuyo nombre es "Princeps pacis", como lo recordaba Pío XII en su Mensaje radiofónico del 24 de diciembre de 1951 y como lo definió el Papa Francisco el 25 de marzo ¿PÍO XII Y FRANCISCO SOSTIENEN LA MISMA DOCTRINA, O SÓLO HAY UNA COINCIDENCIA EN UNA CITA? ¿LA PAZ QUE PROCLAMABA LA IGLESIA ANTES DEL VATICANO II, ES LA MISMA QUE PREDICA AHORA? La consagración de Rusia acelerará la hora del triunfo del Inmaculado Corazón CUANDO SEA REALIZADA TAL COMO FUE PEDIDA, trayendo al mundo nuevas gracias de conversión. Esto es suficiente para colmar de alegría a los corazones de los devotos de Fátima en esta hora obscura de nuestra historia. LOS DEVOTOS DE FÁTIMA ESTÁN EN GENERAL EN CONFUSIÓN, DECEPCIÓN, DESCRÉDITO, BRONCA, TRISTEZA. ALGUNOS POCOS MANIFESTARON SU TIMIDÍSIMA Y APAGADA ALEGRÍA, ANTE LO QUE SERÍA UN ACTO QUE TRAERÍA LA SALVACIÓN DE LA

IGLESIA Y LA PAZ AL MUNDO. ¡VAYA FORMA DE FES-
TEJAR EL TRIUNFO DEL CORAZÓN INMACULADO!

https://adelantelafe.com/el-significado-y-las-consecuen-
cias-de-la-consagracion-del-25-de-marzo/

(*) Sobre Roberto de Mattei:

Todo el mundo habla de Alexander Dugin, cuyo *entrismo*
es bastante evidente y cuya publicitada influencia en la cúpula del gobierno ruso –de existir- es limitadísima, en
cambio casi nadie (con la excepción que conocemos de
Don Curzio Nitoglia) habla de un intelectual por lo menos
sospechoso como Roberto de Mattei, posiblemente alguien cuyo *entrismo* tanto en el ambiente de la Tradición
católica como de los grupos políticos de "derecha" podría
llevar a una gran confusión. El lector recordará las llama-
tivas, ofensivas y estúpidas (por no decir muy sospecho-
sas) críticas lanzadas por RdM hacia la persona de Monseñor Viganò, bastante recientemente. Pues bien, RdM,
según lo informado por Nitoglia, "fue Asesor para Asuntos
Internacionales del entonces Ministro de Relaciones Exteriores Gianfranco Fini en 2002/2003 y lo acompañó a
la *City* de Londres. Además, de Mattei, como consta en la
web de la CNR, *sigue siendo miembro* de la *Heritage
Foundation* de Washington, que es uno de los *Think-
Tanks* más influyentes de EE.UU., fundado en 1973 durante la Presidencia (1968-1974) del republicano Richard
Nixon, una Asociación "cultural", muy parecida a la *Mont
Pelérin Society*, cercana al Partido Republicano y al theo-
con. Su Estatuto establece que tiene por objeto "elaborar
y promover estrategias políticas basadas en los principios
del *libre mercado,* de la *limitación de la intervención es-*

tatal, las libertades individuales, los valores estadouni-
denses tradicionales y la defensa nacional de los
EE .7). *Heritage* también publica la revista bimestral de
cultura política neoconservadora *Policy Review* en la que
escriben los más ilustres libertarios, neoliberales y
anarco/liberalistas de Estados Unidos (ver N. Gingrich, P.
Gramm, D. Armey, B. Bennett, Bill Kristol ...), quienes
fueron los ideólogos de la "guerra preventiva" del presidente Bush hijo contra la "pipa humeante" de Saddam
Hussein en 2003. Como puede verse, el programa de
la *Heritage Foundation* es muy similar al de *Bilderberg*,
la *Trilateral* de la *Sociedad Mont Pelérin* y el *Club de
Roma"*. Además, "De Mattei a partir de 2010 ha dado públicamente un giro en U al volver a las posiciones católicas
tradicionales de la *TFP* y la *Alianza Católica* antes de
1980". Recordemos que la TFP, una especie de secta que
rinde culto a Plinio Correa de Oliveira, ha tenido fuertes
vínculos con el liberalismo norteamericano. También señala D. Nitoglia que de Mattei apoya "la tesis de la recon-
ciliación entre el judaísmo actual y el cristianismo, en la
perspectiva teoconservadora del "choque de civilizacio-
nes" (Samuel Hungtinton) contra el Islam/fascismo"

http://www.unavox.it/ArtDiversi/DIV921_Nitoglia_Pu-
tin_Dugin.html#6

Aquí puede encontrarse una reseña crítica de su libro
"Apología de la Tradición" aparecida en la revista *Le Sel
de la terre*:

http://www.unavox.it/ArtDiversi/DIV1376_Sel-de-la-
Terre_Recensione_De-Mattei.html

ANEXO:

El pseudo-tradicionalista de Mattei, acusa de ser ideologizados a todos aquellos, por las razones que fueren, dan su apoyo a Rusia, en esta guerra contra el apóstata Occidente anti cristiano. Los llama despectivamente "colaboracionistas". Entre otras cosas, compara a Putin con Hitler – recurso ya muy gastado por los periodistas del establishment occidental: "Cualesquiera que fueran sus razones, Hitler tenía un plan tan expansivo como el de Putin" (https://pch24.pl/roberto-de-mattei-putin-to-falszywa-alternatywa-prawdziwa-jest-fatima/). ¿Demuestra de Mattei lo que afirma? No. Y luego, ¿podría uno sorprenderse?, RdM se da el lujo de comparar a Putin con Stalin, pues seguiría la misma línea. A la manera de Biden, Hillary Clinton o cualquier títere de las élites globalistas, de Mattei simplifica la realidad de Rusia mediante los lugares comunes, demonizando a Putin. Tiene razón cuando afirma que un católico no puede aceptar la perspectiva querida por la iglesia ortodoxa rusa, pero eso no significa que uno pueda mostrarse prescindente y arrojar por la borda lo bueno que un país como Rusia sostiene, contra un globalismo que sólo aspira a derrotar a este país para instalar su reinado universal del Anticristo. Esta perspectiva esjatológica no puede suprimirse mediante argumentos falsos y caricaturescos como comparar a Putin con Hitler y Stalin. Pero faltaba más, de Mattei también mete a Putin en el mismo saco que a Soros: "Vladimir Putin es como George Soros un agente del desorden mundial. Putin, como lo señala el experto internacional Bruno Mações, está convencido de que el caos es la energía fundamental del poder y que, con razón, puede ser considerado Yaldabaoth, un demiurgo gnóstico, hijo del caos y líder de los espíritus del inframundo. Y el nuevo desorden mundial nos recuerda el desorden vivido por el Imperio Romano Occidental bajo la influencia de las invasiones bárbaras". Por supuesto, el citado Manzanas tampoco prueba lo que dice. Éste es un ministro portugués de Europa entre 2013 y 2015, graduado de Harvard que además fue profesor investigador en el American Enterprise Institute en Washington y en Carnegie en Bruselas y escribió para Financial Times, Guardian The New Statesman y Foreign Affairs y aparece regularmente en CNN, BBC, Bloomberg, CCTV y Al Jazeera. Es decir, Bruno Manzanas es uno de esos intelectuales que escribe el discurso progresista que quiere la élite globalista mundial a través de sus medios de comunicación. Ese también *prestigioso* personaje (otro experto, sin dudas) escribió que el Kremlin tiene un propósito puramente destructivo. No importa lo rebuscadas que sean las afirmaciones, los intelectuales necesitan creer que entienden y exponer al resto de los pobres mortales sus sabias explicaciones de la realidad, a través de "importantes" medios de prensa, los cuales les recompensan con los grandes honorarios debidos a sus dichosos diplomas.

Pero de Mattei se supera cuando compara a los rusos con los vándalos e insinúa que así como San Agustín llamó a resistir a los bárbaros, ahora se debe resistir a esta otra invasión bárbara de los rusos. Y no contento con todo lo dicho, llama a Putin comunista.

Después de este nuevo papelón de un supuesto destacado historiador, sólo nos queda preguntarnos: **¿para quién trabaja Roberto de Mattei?**

LA CANCELACIÓN DE FÁTIMA

"...los mejores carecen de toda convicción, mientras los peores están llenos de intensidad apasionada".

W. B. Yeats - La Segunda Venida

El gran mago progre-modernista ha realizado otro de grandes sus trucos, de esos que sabe sacar de su inagotable galera. El diablo sabe mostrarse cada vez más ingenioso y, por lo mismo, más poderoso en su capacidad destructiva, insuflando sus ideas en la super estructura vaticana donde se ha cómodamente aposentado desde tiempos del Concilio (del único Concilio que los modernistas toman como referencia absoluta y fuente de inspiración de su nueva teo-utopía globalista). El pasado 25 de marzo de 2022, y ahora además -¡encima!- con la complicidad del clero y feligresía de la línea conservadora y línea media que miran con simpatía o, al menos, sin beligerancia hacia el demoledor Francisco (con todo el respeto por su investidura, objetivamente es el actual *mayor enemigo* de la propia Iglesia católica), ha dejado establecido que "Rusia ha sido consagrada al Corazón Inmaculado", por lo cual debemos celebrar y esperar ilusionados lo prometido por la Virgen en Fátima. ¡Basta de rezar por la consagración de Rusia!

De modo que, en estos tiempos de *cultura de la cancelación*, Fátima, también, acaba de ser, por obra de los

233

destructores de la Iglesia, "cancelada". Suenen las fanfarrias, entonen los Te Deum, celebren los pobres cristianos, festejemos todos haber sido liberados...

No. Ningún festejo ha habido ni habrá, ningún alegre entusiasmo universal, ninguna pletórica manifestación jubilosa por parte del clero... excepto la celebración del diablo. Jugada maestra de Satanás.

Ya hemos dicho en este blog y abundan las razones expuestas para comprender que *aún sigue sin cumplirse con lo que pidió la Santísima Virgen en Fátima.* Ningún papa ha podido o querido cumplir exactamente con su solicitud.

¿Qué pidió la Santísima Virgen, exactamente, en relación con Rusia?

1 - Una Consagración;

2 - De Rusia;

3 - Realizada por el Papa;

4 - En unión con todos los Obispos del mundo;

5 - Al Inmaculado Corazón de María.

Nótese que la Virgen pidió sólo la consagración de Rusia. No la consagración del mundo, de la Iglesia, de Ucrania o de cualquier otra cosa. Eso mismo se confirma al finalizar el mismo pedido de la Virgen. Vamos a reproducir enteramente esas palabras:

"Ha llegado el momento en que Dios pide al Santo Padre que haga, en unión con todos los Obispos del mundo, la consagración de Rusia a mi Corazón Inmaculado; prometiendo salvarla por este medio".

(Memorias de la Hermana Lucía. Compilación del P. L. Kondor, SVD. Introducción y notas del P. Dr. J.M.

234

Alonso, CMF, Fátima, Portugal, Postulaçâo, 1978, pp. 140-145).

Resaltemos esto: "**prometiendo salvarla por ese medio**", es decir, la consagración pedida es de Rusia porque es el medio de salvarla. Rusia es el foco de atención. Y, para nosotros, al salvar a Rusia (y ésta convertirse) se salvará también la Iglesia a punto de caer totalmente bajo el poder de la Sinagoga de Satanás que desde dentro mismo está corrompiendo y demoliendo su estructura.

Si Rusia hubiese sido consagrada a tiempo, el comunismo no habría esparcido sus errores por todo el mundo, y por lo tanto tampoco la Iglesia habría sido ocupada por los modernistas con su Vaticano II. Así como Rusia ha tenido que ver con la corrupción de la Iglesia católica y todo el Occidente cristiano, también Rusia tiene que ver con la liberación de la Iglesia católica.

Un Papa que consagrase sólo Rusia, admitiría que tiene la voluntad de realizar lo que la Virgen ha pedido, admitiría además que Rusia tiene un papel especial en la historia, tanto para el bien como para el mal (como del mismo modo lo ha tenido Francia, y por ello el Sagrado Corazón pidió consagrarla).

Rusia, y la Iglesia católica, son los protagonistas de esta historia. Nadie más. La segunda consagrando, la primera siendo consagrada. Los ajenos, quedan afuera.

Por otra parte, inmediatamente luego de pedida la consagración de Rusia, en la teofanía trinitaria del 13 de junio de 1929, la Virgen dijo estas palabras a la Hermana Lucía:

*"**Son tantas las almas que la justicia de Dios condena por los pecados cometidos contra Mí, que vengo a pedir reparación; sacrifícate por esta intención y reza**".*

235

Allí vemos que la Madre de Dios no sólo pide la consagración de Rusia, sino también reparación, porque lo que se está viviendo es un castigo.

Ni una cosa ni la otra hubo en la "encomienda y consagración" realizada por Francisco el 25 de marzo. Nadie puede negar esto.

¿Nadie? Sin embargo gente que parece no querer ver lo que pasa, o que no comprende la importancia capital del pedido de la Virgen de Fátima, afirman que Francisco "hizo la consagración".

Pero la desoladora amenaza del Nuevo Orden Mundial anticristiano, o de la devastadora Tercera Guerra mundial, y la desaparición de varias naciones, que se cierne sobre el mundo, y que cada vez aparece más cercana, a partir de la guerra de Rusia en Ucrania contra la satánica alianza de la OTAN, es culpa de esta grandísima desobediencia.

Y para colmo de males, la inminencia del terrible castigo no parece alertar, ni siquiera despertar el interés o molestar en su letargo a la casi totalidad de los católicos, entre los cuales los más esclarecidos, los de la Tradición, permanecen en una apatía miserable, en una tibieza inaceptable, en un silencio despreocupado, en un agotamiento que los lleva a encerrarse en un confinamiento que no necesita de coerción alguna externa. Ese es el motivo por el que casi no se habla de Fátima, y, desde ya, la razón por la cual nuestro blog o nuestras publicaciones no suscitan el interés que deberían, de acuerdo al tema que tratan. Nos resulta inevitable recordar unas palabras de Giovanni Papini: "Hoy la tierra atraviesa el otoño de los tibios".

Es escandaloso que nadie se escandalice por esto, que

nadie reaccione, que nadie ni siquiera hable de estos temas. ¿Cuántos son los que se han sumado al apostolado por el triunfo del Corazón Inmaculado de María?

Estimado lector, **es más urgente y necesario que nunca seguir rezando por la consagración de Rusia al Corazón Inmaculado de María, es necesario difundir la devoción reparadora de los cinco primeros sábados, debemos más que nunca poner nuestra única esperanza en Nuestra Señora del Santo Rosario de Fátima, la Victoriosa e Inmaculada Madre de Dios.**

Es hora de despertar. "Vigilad y orad".

¡Viva el Sagrado Corazón de Jesús y el Corazón Inmaculado de María!

SIN VERGÜENZA

Según informan los medios (ver el artículo que reproducimos debajo) Francisco quiere ir a Rusia "**para reunirse con el presidente ruso, Vladimir Putin, para pedirle que detenga la guerra en Ucrania, pero aún no ha recibido respuesta y no cree que la reciba**". Pero no sólo los medios de prensa nos dan esta noticia, sino que además nos anuncian que "**El Vaticano propone una conferencia multilateral para restablecer la paz**".

Pero, ¿cómo? ¿Hemos leído bien? Sí, parece que sí. Ah, bueno. Pero entonces, amigos línea-media conservadores, y todos los que *habían quedado satisfechos porque el Papa ya había consagrado Rusia según el pedido de la Virgen de Fátima*, acto mediante el cual Rusia se convertiría y tendríamos la paz en el mundo, ¿ahora resulta que hay que volver a la diplomacia? ¿Entonces la paz va a establecerse no por la conversión de Rusia y como un triunfo del Corazón Inmaculado, sino por obra y gracia de una conferencia multilateral de políticos y jerarcas eclesiásticos? ¿La misma diplomacia vaticana que fracasó todo a lo largo del siglo XX, va a volverse ahora exitosa? ¿Cuál sería entonces el papel milagroso de la Santísima Virgen? ¿Ella puede menos para cambiar los corazones, que la diplomacia de Bergoglio y Parolin? ¿Para qué entonces realizaron la famosa consagración?

Esto simplemente nos muestra que esta gente no tiene ninguna confianza en la eficacia sobrenatural del mensaje de Fátima, y ese fue el motivo por el cual no realizaron exactamente lo que pidió la Virgen.

Por no decir que el internacionalismo neo-comunista que domina en Roma desea de una vez quitar de en medio el obstáculo que le impide llegar a concretar su famosa "Agenda 2030".

Como si fuera poco, afirma Francisco, el papa, lamentándose: "**Pero yo soy sacerdote, ¿qué puedo hacer? Hago lo que puedo. Si Putin abriera la puerta...**».

No, no es un simple sacerdote, es el –se supone, ¿no?- Vicario de Cristo en la tierra, el Sumo Pontífice de la única Iglesia fundada por Jesucristo, aquel a quien el Cielo ha pedido y en quien ha puesto la solución de los problemas del mundo, realizando la consagración de Rusia según lo ha pedido la Santísima Virgen.

Pero ahora resulta que todo depende de Putin, el malvado que no quiere ofrecer al mundo la hermosa paz de que gozaba el planeta alegremente hasta el 23 de febrero pasado... (Mensaje entrelíneas que nos está ofreciendo la irresponsable jerarquía vaticana).

Por otra parte, si Francisco quiere verdaderamente la paz, no debe viajar a Moscú sino a Washington y pedirle a Biden y sus asociados de la OTAN que detengan sus planes criminales globalistas contra Rusia. Ah, pero Biden ha sido considerado "un buen católico" por el actual ocupante de la sede de Pedro...

Por supuesto, Francisco –piense lo que piense y sean cuales fueren sus intenciones- trabaja para el Anticristo. Y Putin, creemos, simplemente va a ignorar su petición, porque sabe bien lo que está pasando. Si no aceptó Kiril la propuesta de Francisco, mucho menos lo hará Putin.

Así, los sueños de Bergoglio de ser el gran pacificador mundial, el gran protagonista de la historia, quedarán hechos pedazos. Su pontificado va, como dice el tango, "cuesta abajo". Tuvo su oportunidad histórica, y la desdeñó. Temprano o tarde, todos sufriremos las consecuencias.

Dios tenga misericordia de nosotros, y nos dé pronto un papa según el Corazón Inmaculado de María.

***

El Papa ha pedido entrevistarse con Putin y asegura que Orbán le dijo que el 9 de mayo acabará la guerra en Ucrania

En una entrevista que publica hoy el diario «Corriere della Sera», el papa Francisco reveló que ha pedido viajar a Moscú para reunirse con el presidente ruso, Vladimir Putin, para pedirle que detenga la guerra en Ucrania, pero aún no ha recibido respuesta y no cree que la reciba.

3/05/22 10:22 AM

(**Agencias/InfoCatólica**) El papa explicó que mientras que **sí ha conversado con el presidente ucraniano, Volodimir Zelenski, aún no ha hablado con Putin**, de quien recibió una llamada en diciembre por su cumpleaños y que después de 20 días de guerra pidió al cardenal secretario de Estado, Pietro Parolin, que enviará al presidente ruso el mensaje de que estaba dispuesto a ir a Moscú.

«Por supuesto, era necesario que el líder del Kremlin permitiera algunas ventanas. **Todavía no hemos recibido respuesta y seguimos insistiendo,** aunque me temo que Putin no puede y no quiere tener esta reunión ahora

240

mismo», explicó el pontífice.

El Pontífice subrayó que no irá a Ucrania:

«**Siento que no tengo que ir. Primero tengo que ir a Moscú**, primero tengo que reunirme con Putin. Pero yo soy sacerdote, ¿qué puedo hacer? Hago lo que puedo. Si Putin abriera la puerta...».

Según el Corriere della Sera, la preocupación del Papa Francisco es que cree que Putin no se detendrá.

Respecto al papel de la OTAN en este conflicto, el Papa afirma que no sabe si el «enfado» de Putin fue provocado por la presencia de la Alianza Atlántica a las puertas de Rusia pero cree que «sí lo facilitó».

Prueban armas como en la Guerra Civil española

Sobre si es lícito el envío de armas por parte de los países a Ucrania para que se defiendan de la invasión, el papa no dice que no es capaz de responder y añadió:

«Estoy demasiado lejos de la pregunta de si es correcto abastecer a los ucranianos. Lo que está claro es que **en esa tierra se están probando armas.** Los rusos ahora saben que los tanques sirven de poco y están pensando en otras cosas. Las guerras se libran para esto: para probar las armas que hemos producido».

Según Francisco, **«este fue el caso que se dio de la Guerra Civil Española antes de la Segunda Guerra Mundial».** Y añade:

«El comercio de armas es un escándalo, pocos se oponen. Hace dos o tres años llegó a Génova un barco cargado de armas que hubo que trasladar a un gran carguero para transportarlas a Yemen. Los trabajadores del puerto no querían hacerlo. Dijeron: pensemos en los niños de Yemen. Es una cosa pequeña, pero un bonito gesto. Debería haber tantos así»

El pontífice **niega que Kirill, patriarca de Moscú y Todas las Rusias**, pueda colaborar para convencer a Putin pues en la conversación por videoconferencia que tuvieron, «**los primeros veinte minutos me leyó todas las justificaciones de la guerra**».

«Tenía una reunión programada con él en Jerusalén el 14 de junio. Sería nuestro segundo cara a cara, nada que ver con la guerra. Pero ahora él también está de acuerdo que reunirse podría ser una señal ambigua», explicó.

Reveló además que en su reciente encuentro con el presidente húngaro, **Victor Orban, este le aseguró que los rusos «tienen un plan y que el 9 de mayo todo habrá terminado».**

«Espero que así sea, así entenderíamos también la velocidad de la escalada de estos días. Porque ahora **no es solo el Donbas, es Crimea, es Odesa, le está quitando el acceso del mar Negro a Ucrania, eso es todo.** Soy pesimista , pero debemos hacer todos los gestos posibles para detener la guerra», destacó.

https://www.infocatolica.com/?t=noticia&cod=43320

El Vaticano propone una conferencia multilateral para restablecer la paz

Impulsa un "nuevo Helsinki", reuniones similares a las que en plena Guerra Fría permitieron acordar la inviolabilidad territorial, límites al uso de la fuerza militar y respeto de la soberanía. El Papa evalúa enviar a su "canciller" a Kiev.

En el marco de los esfuerzos del Papa Francisco por detener la guerra en Ucrania, el Vaticano propuso una nueva "Conferencia de Helsinki", en referencia a la serie de encuentros que entre 1973 y 1975 reunieron al Vaticano, países europeos, la por entonces Unión Soviética, Estados Unidos y Canadá para acordar la inviolabilidad territorial, límites al uso de la fuerza militar y respeto de la soberanía de los firmantes.

El pontífice viene afirmando que está dispuesto "a todo" con tal de detener la invasión rusa, pero hasta ahora todas las gestiones diplomáticas reservadas que realizó el Vaticano no arrojaron resultados. En ese marco, su ministro de Asuntos Exteriores, monseñor Paul Gallagher, tenía previsto ir a Kiev a principios de abril, pero contrajo COVID y ahora Francisco evalúa enviarlo en los próximos días.

"Hoy es necesaria una nueva Conferencia de Helsinki", propuso este fin de semana el secretario de Estado vaticano Pietro Parolin en encuentros en la Santa Sede, informaron fuentes diplomáticas.

Parolin, considerado el "número dos" de la Santa Sede y negociador del Papa para temas internacionales como la relación con China o la crisis en Venezuela, lanzó el primer apoyo vaticano a una conferencia internacional con la que se pueda reencauzar el diálogo entre Ucrania y Rusia para poner fin al conflicto iniciado a fines de febrero.

El apoyo del Vaticano a una mesa de negociación que incluya a Rusia y, en la práctica, a los miembros de la Organización del Tratado del Atlántico Norte (OTAN), se dio horas antes de que el papa Francisco planteara públicamente sus dudas sobre la eficacia de las actuales conversaciones de paz para resolver el conflicto.

"Mientras asistimos a una macabra regresión de la humanidad, me pregunto, junto a tanta gente angustiada, si realmente buscamos la paz; si existe la voluntad de evitar una continua escalada militar y verbal; si hacemos todo lo posible por silenciar las armas", planteó el Papa este domingo al recitar la oración del Regina Caeli desde el Palacio Apostólico vaticano.

El domingo pasado, en tanto, casi en simultáneo que el pontífice pedía por corredores humanitarios en la zona de Mariupol, las tropas rusas de invasión empezaron a abrir pasos seguros para evacuar a civiles.

Desde el inicio de la invasión rusa, el 24 de febrero, el Papa ya se refirió públicamente 38 veces a la guerra, con fuertes críticas al accionar de Moscú, y centrado en los pedidos para frenar la violencia, asegurar corredores humanitarios a civiles y retomar el diálogo entre las partes con ayuda internacional.

Fuente: Agencias

https://www.valoresreligiosos.com.ar/Noticias/el-vaticano-propone-una-conferencia-multilateral-para-restablecer-la-paz-22637

AGENDA FÁTIMA CONTRA AGENDA 2030

13 de junio de 1929	13 de junio de 2019
"Ha llegado el momento en que **Dios pide al Santo Padre que haga, en unión con todos los Obispos del mundo, la consagración de Rusia a mi Corazón Inmaculado;** prometiendo salvarla por este **medio.** Son tantas las almas que la justicia de Dios condena por los pecados cometidos contra Mí, que vengo a pedir reparación; sacrifícate por esta intención y reza".	Esta tarde, el Secretario General y Klaus Schwab, el fundador del Foro Económico Mundial, serán testigos de la **firma de un Memorando de Entendimiento sobre una asociación estratégica entre la ONU y el Foro Económico Mundial,** que describe áreas de cooperación para profundizar compromiso entre las dos instituciones y **acelerar conjuntamente la implementación de la Agenda 2030.**
Mensaje de Ntra. Señora del Rosario de Fátima a la Hermana Lucía.	**Comunicado de la Organización de las Naciones Unidas.**

245

A.M.D.G.

Made in the USA
Las Vegas, NV
02 October 2022

56367623R10138